北方民族大学商学院博士文库

国家自然科学基金"甘宁青回族老字号品牌进化路径与政策研究"（71162020）项目研究成果

回族老字号品牌进化研究

THE STUDY ON BRAND EVOLUTION OF HUI TIME-HONORED

杨保军 ◎著

经济管理出版社
ECONOMY & MANAGEMENT PUBLISHING HOUSE

图书在版编目（CIP）数据

回族老字号品牌进化研究/杨保军著. —北京：经济管理出版社，2016.7
ISBN 978-7-5096-4503-1

Ⅰ. ①回… Ⅱ. ①杨… Ⅲ. ①回族—老字号—研究—中国
Ⅳ. ①F279.24

中国版本图书馆 CIP 数据核字（2016）第 157632 号

组稿编辑：杨国强
责任编辑：杨国强　张瑞军
责任印制：黄章平
责任校对：超　凡

出版发行：经济管理出版社
（北京市海淀区北蜂窝 8 号中雅大厦 A 座 11 层　100038）
网　　址：www. E-mp. com. cn
电　　话：（010）51915602
印　　刷：北京九州迅驰传媒文化有限公司
经　　销：新华书店
开　　本：720mm × 1000mm/16
印　　张：13.5
字　　数：212 千字
版　　次：2016 年 10 月第 1 版　2016 年 10 月第 1 次印刷
书　　号：ISBN 978-7-5096-4503-1
定　　价：48.00 元

序

杨保军博士的学位论文即将出版面世，嘱我为其撰写序言。作为他的指导教师，在与他共度近四年的博士岁月里，经历了他博士论文从选题、开题、撰稿、成文、修订到答辩的全部过程，自然对这部厚实的著作有着特殊的感受和体悟。因此，我慨然接受嘱托，这是保军学术生涯中重要阶段的标志性成果，也是他为学界做出的重要贡献，值得庆贺。

保军博士研究的对象是甘宁青回族老字号品牌问题。甘宁青地区是典型的民族地区，有较为复杂的历史、宗教和民族渊源，回族人口众多，区域企业具有较为独特的发展背景。老字号是商业经营历史与文化的遗产，与商业经济发展的历史背景密不可分。回族老字号作为甘宁青地区标志性品牌，是甘宁青地区回族商业经济发展的历史见证。深入研究甘宁青地区回族老字号的品牌问题对于梳理民族地区企业发展历史有着极其重要的意义，从动态角度看老字号品牌发展，对今后该地区企业的品牌发展具有重要的指导作用，这篇文章无论对企业界还是对该地区政府管理部门都具有较深入的研究价值和参考意义。因此，在与保军博士沟通的过程中，他表示要研究这方面的内容，我欣然应允，鼓励他结合民族地区企业实践来研究，因此就有了这篇博士论文的选题。在此后做论文的过程中，保军博士深入企业调研，发表了一系列文章，为博士论文写作奠定了厚实的基础，许多结论来自于较为扎实的企业调研，虽然他担任着行政职务，工作较忙，但仍能孜孜不倦地写作研究，论文的成功撰写是他不断努力的结果。

总体来看，这篇博士论文在阅读大量文献资料的基础上，深入企业调研，实证分析基础扎实，能够应用多学科理论分析问题，既有较为清晰的历史和现实背景描述，又有基于学理的实证研究和对策分析。文章的创新点在于从品牌生态视角提出了品牌进化理论，以实证分析方法探索知识管理、品牌进化对品牌进化绩效的影响。通过质性和定量研究将回族老字号品牌成长的背景与经验运用到品牌进化层面，拓展了品牌动态成长的研究层次，为进一步研究做出新的尝试。当然，论文还存在着文献分析不够详细，部分理论论证不够充分的问题，但瑕不掩瑜，不失为一篇较为成功的文章。

在中国西部地区，少数民族众多，经济尚不发达，高校办学困难较多。但有一大批有志于建设民族地区的知识分子，在较为贫瘠的土地上辛勤耕耘，为知识传承贡献着自己的青春。保军博士所在的北方民族大学地处宁夏，在近几年快速发展，招生人数和教师队伍快速增长，保军向我谈起该校的发展，可以说 30 年发展砥砺前行。合肥工业大学是北方民族大学对口支援学校，对于该校的发展我深感欣慰，也对该校能够在学术界辛勤探索的同仁表示钦佩，希望能看到更多基于民族地区本土的优秀学术成果出现。

是为序。

黄志斌

2016 年 6 月 1 日

前言

品牌进化作为品牌生态研究的重要理论，是品牌随时间而发生的成长演化过程。知识作为品牌进化过程中获取竞争优势的重要来源，知识管理决定了品牌的进化绩效。甘宁青地区的回族老字号作为民族区域市场的标志性品牌，面临着全球化背景下顾客需求变化、技术创新和国内外竞争对手的压力。本书基于甘宁青回族老字号的长期跟踪，从知识管理视角出发，采取扎根理论、案例研究、实证研究等质性和定量研究的方法，从品牌进化概念出发，对品牌进化的影响因素、路径、模型进行了研究，深入挖掘回族老字号品牌成长的规律。

基于隐喻的视角，品牌是一种特殊的生命体，一样存在进化的进程。从品牌发展的过程看，一方面，品牌在演进中传承着上一代品牌的基因，使品牌保持特色和连续性；另一方面，品牌也不断接纳来自外部的品牌基因，对自身进行改造，使品牌逐步趋于时尚，更加适应市场竞争的需要，品牌进化反映品牌与其生态环境相互作用的动态演变过程。从知识角度看，基于多源的内外部知识推动着品牌进化，使品牌获得更多的知识来源，在市场上表现出差异化的特征。

那么，品牌是如何进化的？品牌在进化过程中受什么因素影响？知识管理在品牌进化过程中起到什么作用？不同的品牌进化路径最终如何影响品牌绩效？为更进一步探讨这些问题，本书创新性地构建了知识管理—品牌进化—品牌绩效的理论模型，研究者借助地处甘宁青地区的便利，深入到甘肃、宁夏、青海等回族老字号聚集的地区，联络各种类型的回族老字号企业，对企业中高层管理人员进行访谈，调研该地区的回族老字号顾客，利用三年来积累的访谈数据和 239 份有效问卷调查数据，应用扎根理论构建品牌进化路径的探索模型，并依次利用单案例和多案例研究方法分析企业内部知识源、企业外部知识源、顾客品牌知识源三维度影响的品牌进化路径，在此基础上通过实证分析方法验证知识管理与品牌进化、品牌绩效之间的相关性。

本书的主要研究结论有以下几点：

（1）品牌进化是基于品牌生态研究、反映品牌成长演化过程的核心品牌理论，研究品牌进化有助于促进品牌的成长和创新。文献研究表明，品牌不仅仅是商品名称或标记，品牌定位、品牌战略、品牌资产、品牌管理等理论研究揭示了品牌的内涵。但是，品牌是不断成长演进的，必须以动态发展的思维反映品牌成长的过程，基于品牌关系和品牌生态理论的品牌进化理论为研究现代品牌成长过程提供了重要理论基础。

（2）知识管理是影响品牌进化路径的主效应。品牌的本质是知识，企业知识管理主要分为企业内部知识、企业外部知识和顾客品牌知识三个维度。研究发现企业知识管理的三个维度对品牌进化具有显著的影响。研究表明：第一，产品特色的维系和品质的保证是回族老字号内部知识传承及共享的重要结果；第二，区域消费者独特的文化需求和宗教需求促使企业与顾客进行品牌知识的交流互动，有效的品牌保护和维权实现了品牌的传承和形象的维系；第三，基于技术创新、文化创新、管理创新形成的内部知识流动与共享提高了回族老字号的产品质量，赋予品牌创新的内涵；第四，基于外部知识的流入和顾客品牌知识的获取，使老字号企业在吸纳知识的过程中其产品和技术获得创新，从而实现了品牌的进化；第五，基于甘宁青地区回族老字号与顾客的交流互动、企业内外部知识的流入流出，实现了品牌知识的传播与品牌形象的进化。基于企业知识管理形成的品牌进化路径揭示了不同企业品牌成长过程中路径的差异，对相关企业品牌成长具有重要的推动作用。

（3）顾客的品牌知识管理、企业内部知识管理和企业外部知识管理与品牌进化显著正相关，品牌进化管理作为重要的中介变量与品牌绩效正相关。顾客品牌知识管理、企业内部知识管理和企业外部知识管理对进化绩效的影响通过中介变量“品牌进化”产生作用，品牌进化调控着顾客品牌知识管理、企业内部知识管理和企业外部知识管理，推动品牌不断进化、提高。

本书的创新点在于：第一，提出基于品牌生态理论的品牌进化问题，构建品牌进化理论模型，推进品牌理论的研究；第二，通过对影响品牌进化的企业内部知识、企业外部知识、顾客品牌知识进行分析，提出知识管理视角的品牌进化的路径；第三，本书以品牌进化作为中介变量，构建知识管理、品牌进化与品牌进化绩效模型，以实证分析方法探索知识管理、品牌进化对品牌进化绩效的影响。本书通过质性和定量研究将回族老字号品牌成长的背景与经验运用到品牌进化层面，拓展了品牌动态成长研究层次，为进一步研究做出新的尝试。

目录

第一章　绪论

在全球化背景下，中国企业正面临着巨大的市场挑战。国际品牌蚕食着许多原本占据优势的中国品牌的市场领域，对正在建构品牌优势的中国企业提出了严峻的挑战；来自顾客需求的变化对企业提出越来越高的要求，企业必须不断创新以满足顾客的需求；现代科学技术的迅速发展正推动着企业不断推陈出新，对企业技术创新提出了更高的要求。显然，固守于静态的企业战略和品牌策略可能把企业带入死胡同，只有以动态的营销思维制定品牌策略，才能紧跟现代市场的节奏，获得市场优势。

第一节　研究背景

一、全球化对企业品牌的挑战

全球化使顾客的视野超越了国界投入到更大范围的商品市场中，从而使顾客需求更加复杂和不确定，个性化更加突出，来自顾客的品牌知识更加多元而复杂。技术创新在全球化的影响下也同样面临变化，来自各类科研机构和企业合作伙伴的相互学习及研发合作促使企业外部知识来源更加多元，影响技术创新的外部知识资源更为丰富，进而推动了企业产品的更新换代。企业人才交流和内部知识传承在全球化的推动下变化更为剧烈，促使企业需要更为主动地适应市场以推动技术创新和品牌演进，只有这样才能适应竞争激烈的市场需要。影响企业和品牌发展的各类专门知识在全球广泛传播，通过知识管理的作用，得到不断创新和增长，深刻地影响着企业品牌的成长。

全球化在现代市场意味着一种趋势，一种更为复杂、更为不确定的非均衡的因素影响着市场。全球化背景下的企业将突破原有封闭的环境，在更大范围寻找机会，配置企业资源。这种动态的变化必须思考在不同地域条件下企业如何发展，不同企业文化、技术创新条件下企业品牌发展战略的差异。万宝路、肯德基等国际老字号品牌面对全球化的竞争环境，不断动态调整企业品牌战略，无论是品牌推广诉求方式，还是产品策略都在不断适应环境对企业的要求，从而成长为全球化品牌。全球化品牌的成长不是天然形成的，而是靠品牌质量、产品服务、品牌声誉、品牌社会责任以及赖以发展的区域民族特色逐步开发并获得了消费者的认同。因此，基于本土的、区域的、民族的因素对企业发展和品牌成长的影响就成为我们必须面对的问题。

二、甘宁青地区经济发展背景

甘宁青地区包括行政区划中的甘肃、宁夏、青海三省，总面积 124.04 万平方千米。区域内总人口 3759.82 万人，其中回族人口 426.67 万人，占全国回族总人口的 40.3%，三省中宁夏回族自治区回族人口最多，达到 217.38 万人，占自治区总人口的 34.77%，其次为甘肃省，达到 125.86 万人，青海省的回族人口最少，也达到 83.43 万人，本区域内回族人口高于全国的平均数，是典型的回族聚居区域[①]。

从自然地理看，甘宁青地区属于山地高原区，处于黄土高原、青藏高

① 相关统计数据来自甘肃省、宁夏回族自治区、青海省 2012~2014 年统计年鉴。

原和内蒙古高原的边缘和交汇地带。山地、丘陵、平原交错其间，常年干旱少雨，属大陆性温带季风气候，昼夜温差较大，冬季寒冷。区域内平原与丘陵、山地混杂，是我国农耕与游牧文化互相融合、发展的重要区域。基于不同生产生活技术的民族适应了不同的客观地理条件，形成了多民族分布的格局，回族是其中数量最多的民族。学术界认为甘宁青地区回族大致有四方面来源：一是以传教经商而留居于此的回族；二是以屯田垦戍而入居的回族；三是以移民实边而移居的回族；四是以起义被镇压而避难徙居的回族。

回族先民因为各种各样的原因来到了甘宁青这片广袤的土地上，开始了他们艰苦的生计过程。农业是大多数回族在条件相对较好的地区的首要选择。但在大多数条件比较恶劣的地区，半农半商的产业模式成为此地回族群众主要的选择。基于本民族的风俗习惯和传统擅长的技艺，回族群众一般从事的商业领域主要在清真饮食业、牛羊屠宰加工业、牛羊皮毛贩运业、珠宝古玩业、香料业、医疗制药等行业。从历史角度看，回族的商业活动具有显著的时代特色。在唐宋时期，大批来自波斯、阿拉伯地区的商人分别沿海上、陆上“丝绸之路”到达中国，主要从事香料、珠宝等交易，成为著名的“蕃商”。在元代，随着陆上“丝绸之路”范围扩大，回族商人的经营范围扩大至长江以南，长城以北。经营范围从香料、珠宝扩大到丝绸、茶叶、瓷器、马匹、皮毛、医药等领域。明清时期是回族形成的重要时期，回族商业经济也走向多元化。日常生活用品，如茶、马、牛、羊、盐、皮张、粮食、民族手工艺品都成为回族商业主要交易的内容。到近现代，由于社会政治的动荡，回族商业活动出现了显著的分化，有一些回族人借助政治势力成为巨商大贾，但大多数回族人都从事小商小贩生意，经营的品种包括清真餐饮、牛羊肉屠宰、皮毛、茶叶等。马宗保在研究民国时期回族商业的一篇文章中提出，民国时期，西北地区由于社会经济发展的不均衡，回族商业经济得到了迅速发展，主要的形式包括三类：第一类是甘青回藏贸易，主要是甘肃临夏回族与青海藏区群众以茶马交易为主的贸易形式；第二类是西北内地传统商业，表现为甘宁青内地的回族群众从事的清真餐饮行业、皮毛加工收购以及其他日用百货的交易；第三类是集团化连锁经营活动，主要是在甘宁青地区的一些回族商号开展的连锁商业活动，如平凉白氏家族设立的文茂祥、吴忠的天成和等商号，在巅峰时期资本实力雄厚，业务范围覆盖了甘宁青地区和北京、天津、包头等地。从以上论述可以看出，基于民族的风俗习惯和宗教信仰，商业在回族历史发展中起着举足轻重的作用，推动着回族经济的发展，为分析回族老字号发展提供了厚重的背景。

改革开放以来，甘宁青地区经济得到了快速发展。两次西部大开发推动了本地区经济文化呈现较快增长，如表 1-1 所示。

表 1-1　甘宁青地区 2010~2014 年经济发展指标比较

指标 年份	地区生产总值 (亿元)			社会消费品零售总额 (亿元)			城镇居民人均可支配收入 (元)		
	甘肃	宁夏	青海	甘肃	宁夏	青海	甘肃	宁夏	青海
2010	4120.8	1689.65	1350.43	1394.50	403.59	346.03	13188.55	15344	13854.99
2011	5020.4	2102.21	1634.72	1648.00	477.58	404.85	14988.68	17296	15603.31
2012	5650.2	2341.29	1884.54	1906.50	548.83	469.90	17156.89	19510	17566.28
2013	6268	2577.57	2101.05	2139.83	610.51	544.08	18964.78	21481	19498.54
2014	6835.27	2752.10	2301.12	2410.4	673.22	614.61	20804	23285	22306.57

资料来源：甘肃省、宁夏回族自治区、青海省 2010~2014 年统计公报。

总体上说，甘宁青地区经济发展基础条件比较落后，水资源比较缺乏，交通基础设施比较薄弱。西部大开发发展战略的实施为本地区提供了重要的战略机遇，经过西部大开发的十余年建设，本地区经济和社会获得了长足的发展，为餐饮服务、商业经济的发展提供了重要的基础，也对区域品牌发展提出了严峻挑战。

三、回族老字号品牌发展背景

中国商业历史源远流长，遗留了大量老字号品牌，独特的商业智慧、营销思维和品牌意识使众多老字号品牌至今屹立不倒。创始于清康熙年间的北京同仁堂凭借“修合无人见，存心有天知”的自律意识，恪守严谨的产品质量祖训，不断研发新产品，创新品牌内涵，发展至今在消费者心目中有广泛的品牌知名度。北京月盛斋饭店作为一家清真餐饮老字号，在200多年的发展历史中一方面坚持传统特色，另一方面从产品包装改进、新产品研发，逐步适应不断变化的顾客口味。老字号品牌发展历史和经验为我们提供了重要的借鉴。

作为汉族聚居区和游牧民族聚居区结合部的甘宁青地区，民族贸易发达。在历史上，回族商人群体牢牢把握并充分利用了这一地区的地理区位优势，在甘宁青民族贸易中发挥了极大的作用，并把这种经商传统延续了到了现代，“回族老字号”便是遗留至今的标志。新中国成立初期，甘宁青地区就活跃着100多家老字号商贸餐饮企业，如宁夏的“敬义泰”、甘肃的“春华楼”、青海的“小圆门”都是耳熟能详的老字号企业。新中国成立以后，伴随着国家公私合营政策的实施，原有的老字号更名改制，逐渐消失，仅存的少量的老字号也惨淡经营。改革开放以后，伴随着国家开放搞活政策的实施，老字号重新焕发了生机，一部分国有老字号企业通过承包经营、转制、股权转让等方式获得了新生；一部分关停的老字号企业在继承人的经营下延续了市场的影响力；当然还有一大部分老字号企业在竞争激烈的市场环境中退出。根据国家商务部对中华老字号的定义和第一批、第二批名单，甘宁青地区回族老字号仅有宁夏敬义泰清真食品有限公司、兰州马子禄牛肉面有限公司上榜。究其原因，固然有数量不多等因素，但一些企业申报不积极、传承资料不够详细等都是重要的影响因素。根据研究者的实际调查，将甘宁青地区回族老字号分为两类，一类是品牌创立于1956年以前的企业（商务部认定），另一类是品牌创立于1984年以前的企业（成立30年以上的老字号企业）。基于这两类企业目前发展的状况，从动态的角度分析回族老字号品牌发展不同阶段的演变特点、市场变迁环境与品牌发展之间的关系、老字号品牌策略对品牌发展的影响、品牌进化路径与品牌进化绩效的关系等问题，可以深入揭示老字号品牌演变规律，促进我国回族老字号品牌在全球化背景下进一步发展，成为全球化品牌。

第二节 研究意义

在全球化背景下如何推动企业品牌动态成长是学术界研究的核心问题。近年来，学术界对动态背景下品牌战略给予较多关注。王朝辉等学者的动态能力研究、动态背景研究、动态演化问题研究推动了品牌研究，对企业适应竞争市场具有重要的指导价值。在动态研究的基础上，王兴元等学者通过引入生态理论分析品牌发展问题，并获得了较多学者的回应，基于进化视角分析品牌问题已经成为学术界重要的研究方向，品牌生态理论也成为研究品牌问题的新视角，为品牌进化理论研究提供了重要的理论依据。进化是生物逐渐演变、向前发展的过程，又称为演化，是生物在环境影响下随着时间推移发生的不可逆的演变。伴随着现代管理学研究的深入，进化理论逐渐深入到市场营销理论中，为品牌成长提供了更为丰富的思维方式和方法，“品牌进化”一词更为深入地探索品牌成长规律，为品牌研究打开了一个新的研究视角，也提出了重要的研究课题。

一、理论意义

（一）品牌进化是品牌理论研究的重要发展，具有重要的研究意义①

1955 年，美国学者 Gardner 和 Levy 发表了《产品与品牌》一文，从产品的社会性和心理性角度提出了情感性品牌和品牌个性思想，由此打开了品牌理论研究的大门。此后凯勒（Keller）、美国市场营销协会（AMA）、艾克（Aaker）等众多学者和组织从品牌的定义、品牌资产、品牌关系等角

① 杨保军，黄志斌. 品牌进化理论研究文献综述及展望［J］. 企业经济，2015（3）：10-15.

度展开了研究。结合现有文献，我们将品牌理论分为五个阶段：

品牌探索阶段。市场营销学的发展逐步推进了品牌的研究，20 世纪 50 年代，包括奥利佛（Ogilvy）、戈登（Gardner）等学者都在尝试对品牌的内涵和外延、性质、研究对象进行界定。AMA 的品牌定义成为此后研究品牌的基本概念。品牌的研究促进了广告学、营销学的快速发展。

品牌定位阶段。企业创建品牌的关键是创造差异化，品牌定位成为 20 世纪 70 年代理论界研究的核心问题，里斯和特劳特（Ries and Trout）提出的定位理论成为品牌定位的理论基础。基于定位理论，众多学者从品牌差异化视角来研究品牌个性、品牌形象等理论，为现代品牌战略打下了坚实的理论基础。

品牌资产阶段。20 世纪 80 年代后期，品牌资产（Brand Equity）作为一个重要概念被学术界重视。大卫·艾克（Aaker）在 1991 年提出，从顾客和产品市场角度论述品牌资产的内涵。凯勒（Keller）在 1993 年提出的基于顾客视角的品牌资产概念，从顾客品牌知识对于营销活动反映角度分析品牌资产。两种观点深刻地影响了国内学者的研究。卢泰宏从财务会计、品牌力、消费者三个方面论述了品牌资产概念模型。范秀成将品牌资产翻译为品牌权益，是企业以往在品牌方面的营销努力，并构建了品牌权益三维度模型。基于企业、顾客视角分析的品牌资产理论深化了品牌理论研究，促进了品牌管理理论的研究，具有重要的里程碑意义。

品牌关系理论阶段。对品牌关系的理解学术界有分歧，一是以大卫·艾克为代表的品牌关系谱，即品牌与品牌的关系，另一个是以学者布莱克斯顿（Blackston）为代表的品牌与消费者之间的关系。伴随着关系营销理论的发展，品牌与消费者关系的研究成为 20 世纪 90 年代以来的研究热点。学者布莱克斯顿（Blackston）在 1992 年首先提出，品牌关系是品牌与消费者的双向互动关系。Fournier 认为品牌与消费者也会形成人与人一样的关系，由此提出品牌关系质量的概念。品牌关系从品牌与消费者双向互动的角度进行研究，有助于企业定义品牌交易中企业与消费者的关系，定位与消费者的关系中品牌充当的角色，塑造品牌关系以及品牌关系质量等，目前的主要研究集中在品牌关系的形成、性质、状态以及品牌关系塑造等方面，相关领域的研究包括品牌社群、品牌依恋等。

品牌生态理论阶段。随着品牌关系理论研究的深入，基于生态学视角研究品牌关系成为理论界的一个重要思路。国外学者摩尔、温科勒等基于生态学概念提出商业生态系统、品牌群的概念，王兴元教授在2000年首次提出名牌生态系统的概念，论述了名牌生态系统竞争层次和竞争强度。此后，以《企业经济》杂志为阵地发表了多篇品牌生态的文章。张燚、张锐在此基础上提出品牌生态学，对品牌生态学的概念、研究目的、研究方法、研究内容和基本原理进行了界定。目前，国内已有110余篇探讨品牌生态理论的文章，围绕品牌生态位概念与指标测度、品牌生态环境构成、品牌老化与激活或重塑、品牌基因与进化路径等问题开展研究。总之，在竞争背景下从生态角度探索品牌与品牌之间的关系、品牌动态发展问题、品牌自身的成长进化问题具有非常重要的现实意义，为品牌进化理论的研究提供了重要的理论基础和发展方向。

（二）基于知识管理视角的研究为深入探索品牌进化内涵提供了重要的研究思路

品牌进化的核心是知识，知识的积累、共享和利用推动了品牌理念、品牌形象和品牌运营的提升。品牌管理的核心是对知识的管理，企业通过对来自企业内外部的顾客和合作伙伴的显性、隐性知识进行识别、开发、存储以及共享和利用，推动知识流动和转移，在此过程中实现了知识的积累和利用，从而形成了品牌创新能力，推进了品牌进化。通过知识管理的视角分析影响企业的内外部知识，探索品牌进化的路径，将为企业提供重要的思路。

二、实践意义

（一）品牌进化路径与绩效的研究为企业品牌管理提供重要的思路

以知识为核心能力的竞争时代，品牌发展不仅仅是知名度和美誉度的提升，更是知识内涵的增加。从进化视角看，由弱小品牌成长为强大品牌的过程中，品牌在市场环境不断变化和企业内部作用下不断演变进化，品牌的内涵知识不断增长，形成了品牌进化系统以适应市场竞争和顾客需求的变迁。在企业实践过程中，通过研究品牌进化的路径可以清晰规划品牌成长路线，为品牌发展提供重要决策依据。每个品牌都面临不同的顾客、企业资源和能力条件，品牌进化的路径也存在显著差异，这需要评估品牌进化的路径，从中研究每一种路径带给企业的绩效，本研究可以验证品牌进化绩效，为企业品牌管理绩效评价提供依据。

（二）从实证角度研究甘宁青地区回族老字号品牌进化规律对于提升企业竞争力具有重要价值

传统的中华老字号涉及餐饮、医药、食品、零售、烟酒、服装等行业，其中具有深厚历史和文化积淀的甘宁青地区曾经拥有几百家老字号，尤其是具有独特区域民族特色的回族老字号更成为区域标志性品牌。回族崇尚商业，民间有“十回九商”的说法，《古兰经》包含了十分丰富的经济思想和经济制度，并深深地影响了回族老字号的发展。回族老字号具有深厚的历史文化底蕴，在老顾客中享有较高知名度、品质认可度和美誉度，具有典型的区域性、民族性和市场性特征。但是在全球化竞争的今天，甘宁青地区回族老字号除了部分企业还能保持活力外，一些企业日渐衰落、消亡。在甘宁青这样一个民族特色突出的区域里，如果失去了回族老字号，如同失去了区域的象征和民族文化历史风貌。在新一轮西部大开发的实施过程中，要进一步促进经济增长，推动旅游服务业的发展，就必须推进区域内企业品牌建设，扶持、保护和培育甘宁青回族老字号品牌。这给我们提出了重要的课题：甘宁青回族老字号品牌的特色是什么？如何激活回族老字号品牌，如何实现回族老字号品牌进化？如何提升甘宁青回族老字号品牌的竞争力？理论和实践表明，从品牌进化视角分析甘宁青回族老字号发展问题具有重要意义。首先，通过品牌进化视角研究甘宁青回族老字号品牌的发展历史与现状，从实证角度详细分析甘宁青老字号品牌发展轨迹和经营特色，研究老字号品牌的生态环境和成长规律。其次，立足于甘宁青回族老字号品牌发展的实际，构建品牌进化模型，研究品牌进化的路径，为各阶段品牌成长提出相应对策。最后，本研究还将通过实证方法研究知识管理对回族老字号品牌进化绩效的影响，由此验证基于知识管理视角的品牌进化路径的可行性，对甘宁青地区回族老字号企业品牌成长，提升区域品牌竞争力具有可推广的意义。

第三节　问题提出

西部大开发政策实施以来，甘宁青地区企业获得了快速发展，许多企业凭借独特的区位优势和资源优势在全国市场崭露头角。作为区域内标志性品牌回族老字号企业也取得长足的进步，一些企业借助改革的东风实现企业规模的扩大和市场的扩张。但是，在全球化背景下如何实现区域内老字号企业快速发展，如何推进回族老字号企业品牌建设和成长，如何激活僵化的老字号品牌，如何促进回族老字号品牌成长和创新，如何找寻回族老字号品牌进化的路径等问题是当前需要探索的现实问题。

在理论界有关品牌成长进化的文献不断涌现，这些文献为理解品牌理论发展的路径、企业品牌再定位的方法和策略、品牌活化或激活路径等问题提供了一些合理化的解释。学术界对品牌进化理论主要从两个方面进行研究：一方面，基于品牌生态理论进行推进，将品牌放在生态系统环境中探索品牌生态位、品牌与品牌的关系以及品牌发展问题；另一方面，从老字号品牌生存和发展角度探索品牌成长及激活问题，从实践角度提出了一些有益的结论。

伴随着品牌理论的研究，知识管理理论正以迅猛的势头影响着品牌理论。这一理论主要从四个方面推进：一是从企业内部知识角度探索知识流动与共享利用问题；二是从企业外部知识角度探索外部知识获取和利用问题；三是从知识进化角度探索知识积累、知识增长和知识创新问题；四是从吸收能力角度探索知识管理能力问题。基于现实和理论研究的角度，本研究提出以下四个问题并致力于深入探索分析：

问题一：品牌进化的知识归因与影响因素。主要探讨品牌进化基本概念和内涵；影响品牌进化的因素；品牌进化的动力机制探讨；基于知识管理视角品牌进化路径模型的探讨等问题。通过深入的调研资料分析，利用扎根理论探索影响品牌进化的因素。

问题二：品牌进化的路径研究。主要探索基于企业内部知识源、外部知识源、顾客品牌知识源三个维度对品牌进化的影响以及由此形成的品牌进化路径，研究中期望以回族老字号案例研究的方法分析企业内外部知识源对品牌进化的影响，提出品牌进化的路径。

问题三：品牌进化绩效的研究。在企业知识管理影响下，品牌进化路径对进化绩效有何影响？本研究将基于知识管理视角，利用回族老字号品牌调研数据，以品牌进化作为中介变量，构造“知识管理—品牌进化—进化绩效”的理论模型，并通过数据对构念模型进行实证研究，以探讨知识管理、品牌进化与进化绩效的关系。

问题四：品牌进化的政策建议。回族老字号是甘宁青地区标志性品牌，对于区域经济发展、旅游和企业快速成长具有重要意义。通过对甘宁青回族老字号品牌进化路径的研究，本书提出了促进甘宁青回族老字号品牌发展的政策建议，以期望地方政府从管理角度提出更为科学的促进区域内企业发展的公共政策。

第四节 研究方法

本书基于工商管理研究的规范研究方法，力求挖掘国内外现有研究文献，利用知识管理理论，借鉴国内外最新的品牌进化和知识管理理论的前沿成果，提出品牌进化的理论假设和研究分析框架。笔者深入到甘宁青地区回族老字号企业进行田野调查，并通过文献梳理和实证研究方法进行研究，具体包括以下几种研究方法：

第一，质性研究与扎根理论研究方法。质性研究是管理学重要的研究方法，研究者通过深入到企业和顾客情景中收集资料，采用归纳的方法建构理论，对品牌进化理论的探索性研究具有重要的借鉴价值。扎根理论是质性研究的重要方法。通过到回族老字号企业和顾客中访谈、会议座谈、消费情景观察进行资料收集整理并进行编码，根据经典的扎根理论的基本流程，结合文献资料建构理论，如图 1-1 所示。

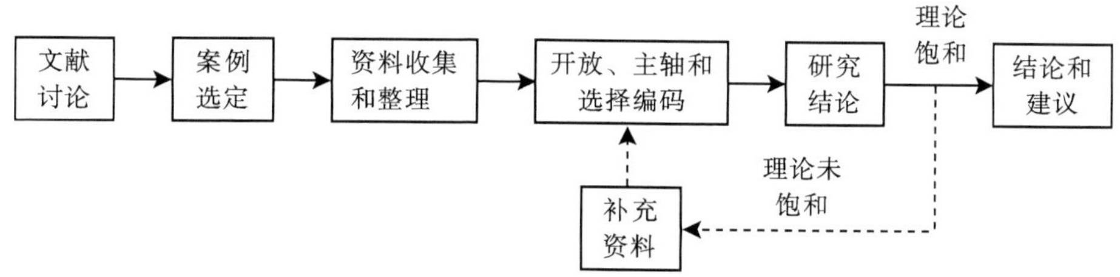

图 1-1　扎根理论研究的基本流程①

第二，案例研究方法。品牌进化问题是与企业运营情景及实际紧密联系的问题，通过企业案例分析可以在实际中发现问题并找到解决问题的方法。为深入探索研究主题，从 2012 年开始，研究者深入到甘肃、宁夏、青海等地的回族老字号企业，通过访谈、会议座谈、顾客调研等方式收集到 14 家回族老字号访谈资料，通过案例研究的方法寻找品牌进化路径和品牌演变的规律，为理论分析奠定了坚实的基础。

第三，实证研究方法。在探索性研究基础上，对于品牌进化的路径、品牌进化的绩效研究还需要依靠大量的实证资料验证。为此，在企业调研

① 根据 Pandit. The creation of theory: a recent application of the grounded theory method [J]. The Qualitative Report, 1996 (4) 编制。转引自：朱国玮，杨玲. 虚拟品牌社区、口碑信息与消费者行为——基于扎根理论的研究 [J]. 财经理论与实践，2012 (3)：117-120.

的基础上，本书设计了相应的企业问卷，对企业中高层在品牌运营方面积累的管理经验进行了大量的问卷调研，借助 SPSS 和 AMOS 统计分析软件，利用结构方程模型进行实证研究，以验证通过扎根理论、案例研究提出的探索性理论模型。

第五节 研究架构及技术路线

一、研究架构

在研究过程中，基于深入的文献归纳和综述，结合甘宁青回族老字号企业品牌营销的调研资料，按照提出问题、分析问题和解决问题的研究思路，构建品牌进化模型，利用调研数据验证，最后形成研究结论。研究逻辑框架如图 1-2 所示。

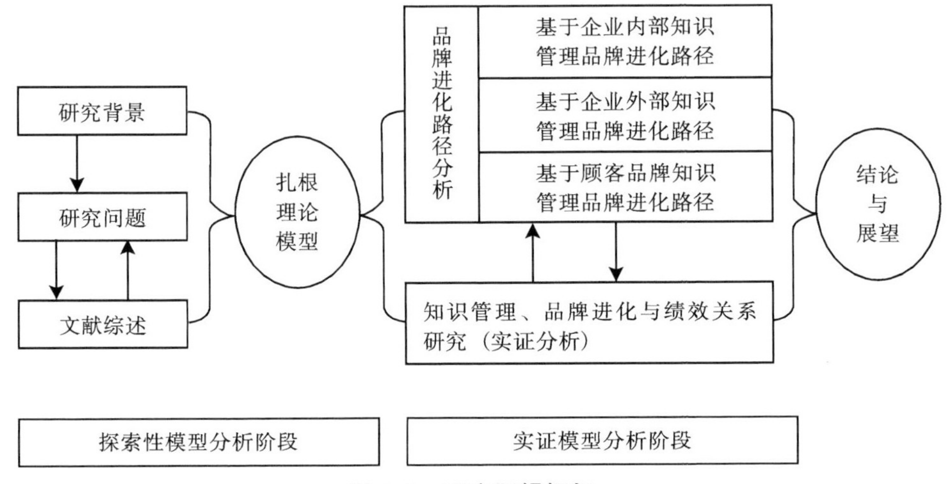

图 1-2 研究逻辑框架

本书共十一章。

第一部分是研究背景与文献准备部分，包括第一章和第二章。第一章是绪论，主要研究课题背景、研究意义、研究问题、研究方法以及研究架构和技术路线。第二章是文献综述。从现代品牌理论研究的进展角度，探讨品牌进化研究的理论脉络、知识管理研究的重要范畴，并对现有文献做出理论评价与展望。

第二部分是探索性模型和数据准备部分，包括第三章、第四章和第五章。第三章对影响品牌进化因素进行探讨。根据扎根理论的基本思想和分析方法，通过调研数据进行编码设计，从而抽象出基于知识管理角度影响品牌进化的关键因素，构建扎根理论模型。基于扎根理论，利用调研数据提出探索性模型为实证研究打下基础。第五章是量表编制与数据收集。主要是对量表编制（绩效数据编制说明）、数据收集进行说明和初步分析。

第三部分是品牌进化路径分析部分，包括第六章、第七章、第八章，利用访谈数据，以案例研究的方法分析在知识管理影响下品牌进化的路径，分析企业内部知识管理、企业外部知识管理、顾客品牌知识管理与品牌进化的关系，为实证研究做准备。第六章是基于企业知识源视角的品牌进化路径分析。主要是对企业管理知识源分析、技术创新与品牌进化耦合机理、文化传承与品牌进化机理、企业管理知识与品牌进化路径分析，提出基于企业知识管理的品牌进化路径。第七章是基于顾客品牌知识源视角的品牌进化路径分析。主要从知识管理角度分析顾客品牌知识的概念、构成，并基于案例研究的分析方法研究顾客品牌知识与品牌进化之间的关系，提出基于顾客品牌知识管理的品牌进化路径。第八章是基于外部知识源视角的品牌进化路径分析。包括企业外部知识源分析，基于品牌基因转移理论分析，提出基于外部知识管理的品牌进化路径。

第四部分是实证分析阶段，包括第九章。第九章主要是知识管理、品牌进化与进化绩效的实证研究，这是文章的落脚点，希望从实证角度分析验证扎根理论并提出探索性模型，以及基于不同知识管理形成的品牌进化路径对绩效的影响，包括假设提出、模型构建、模型分析与评价。

第五部分是结论部分，包括第十章、第十一章。第十章是研究结论与展望，根据理论归纳、案例研究、实证研究提出研究结论，并据此提出对未来品牌进化理论研究的展望和启示。

二、技术路线

本书的技术路线如图 1-3 所示。

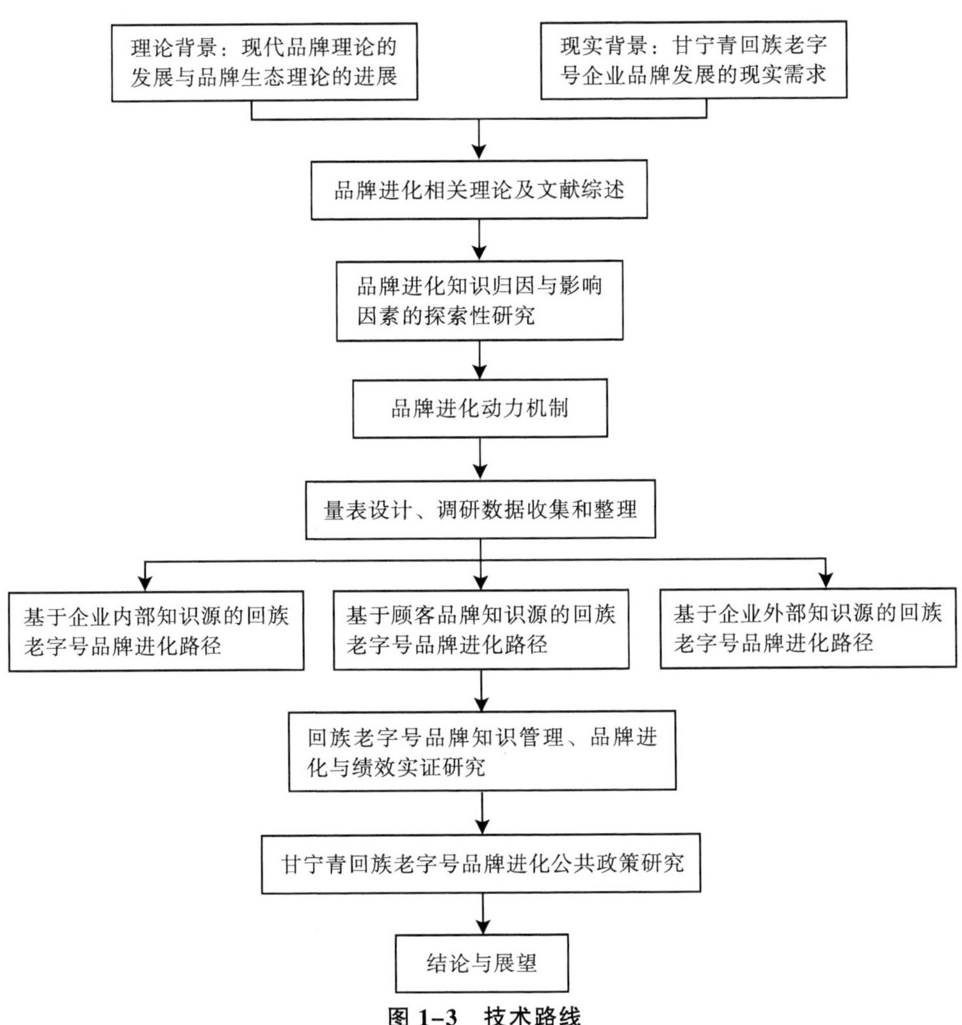

图 1-3　技术路线

本书的研究对象是甘宁青地区回族老字号，主要分布在甘肃、宁夏和青海三省的中心城市，范围较广。为此，研究者采取了扎根理论的研究方法，深入到三省多个中心城市，以田野调查的方式获取回族老字号第一手资料，对研究对象进行深入观察和参与研究，包括经营观察、高层经理访谈、员工座谈会、顾客调研、问卷调查、经营资料收集等，为研究回族老字号提供了较为充足的数据资料。同时，研究者结合文献研究、规范理论研究、案例研究和实证研究等多种质性与量化研究方法，通过构建扎根理论探索性模型，利用案例研究方法分析品牌进化路径，通过结构方程模型分析知识管理、品牌进化与进化绩效之间的关系，揭示回族老字号品牌在知识管理影响下进化路径及绩效，探索品牌进化路径的内在机制。

第二章　文献综述

经典研究文献表明，基于知识管理视角研究品牌具有重要价值，知识作为企业的战略资产嵌入到营销系统中演化为品牌战略和策略以获取竞争优势，企业对知识进行吸收、存储和处理，使知识转化为品牌能力促进企业发展。每个品牌成长过程中都呈现出动态演化的特征。本章将对知识管理理论、品牌进化理论以及知识管理与品牌进化关系的理论文献进行梳理和归纳，奠定研究基础。

第一节　知识管理相关理论综述

一、知识的属性及分类

知识最初来自于社会实践，其初级形态是经验知识，来自于人类在社会实践中不断积累形成的经验、阅历和感受。柏拉图时期的希腊哲学家们认为知识是一种经过实践检验过的信念。我们通常说数据、信息与知识的含义是有区别的，数据是描述客观现象的事实，信息则是被加工过的数据，是“赋予相关性与内容的数据”。人类在生产和生活过程中，逐步形成了个人色彩的价值观、经验和认识，在使用数据与信息时，融合了个体经验和价值观的数据、信息逐步得到转化，并在实践中不断检验，从而形成了各类知识。《辞海》将知识定义为人类的认识成果，反映了知识与实践的密切关系。伴随着人类社会的不断发展，知识的形态不断分化。哲学视野中知识与人的观念、认知、价值观、经验等密切联系，是人对社会、自然、个体思维的综合反映，从而形成了各类自然科学知识、社会科学知识和思维科学知识，建构了我们生存的世界。

知识的产生与个人、群体和社会情境紧密相关。因此，知识的属性也与个体的特质、群体与情景的变化联系在一起，具有显著的特点。首先，知识具有复杂性的特点，这与知识来源的广泛性相联系。哈耶克认为:“知识存在并分布于个体。”每个个体的受教育程度、秉性、领悟能力的差异决定了个体知识的差异性。来自多个个体的知识形成的来源使知识具有了复杂性特征。其次，知识具有动态流动性。Zhuge 认为知识流动是一个过程，是人与人之间的知识传递或知识处理机制 。知识储存在不同的知识个体中，个体之间通过相互交流学习实现了知识的共享和传播，知识通过流动实现了知识价值和增值。再次，知识具有隐秘性。哲学家波兰尼 1958 年发现知识具有隐秘性特点，他将数字、图表、公式等可以明确表示出来的知识称为显性知识，而将一些储存于头脑中、具有个人性的、难以清晰表达出来的知识称为隐性知识，隐秘知识很难清晰表述和逻辑说明，具有显著的情境特征，与个人的经验、世界观、价值观有密切关系。最后，知识具有进化的特征。与生物进化相似，知识也处在不断扬弃旧知识接受新知识的过程中，吐故纳新的过程使知识不断得到进化，推动了知识的创新。由于对知识的认知因人而异，对知识属性的研究不同学者有不同的看法，从以上四个方面阐述知识属性对后续的研究起到重要的铺垫作用。

知识不仅存储于个体中，同样存在于企业组织内，推动着技术创新和品牌发展。根据知识的可显现程度以及知识的存储单位可以做如下分类，如表 2-1 所示。

表 2-1 知识的分类

分类标准	知识类型	定义	代表学者
知识的可显现程度	显性知识	可以通过正常的语言方式传播的知识	Michael Polanyi（1958） Peter Drucker（1993） Nonka（1995）
	隐性知识	储存于知识主体之中的不宜用语言表达的各种经验类知识	
知识的存储单位	个体知识	存在于个体头脑中的，为个体所拥有的，由个体所掌控的知识	Barney（1991） Drucker（1993） 李伟、聂明、李顺才（2010） Ian 等（1998） Keller（2003）
	企业知识	为企业所掌控的，在企业内部流动的知识	
	外部知识	存在于企业外部组织和个人，能够为企业所用的知识	
	顾客知识	存在于顾客头脑中的，为顾客所熟悉和掌控的知识	

注：作者根据文献整理。

综上，知识属性与知识分类的研究不仅使我们认识到知识的特质、知识流动与知识传播等问题，对企业来说更重要的是对知识的管理、知识的进化以及知识的流动对企业创新绩效的影响等问题，这为未来相关问题的研究指明了方向。

二、知识管理含义及研究视角

企业知识是如何获得的，知识如何存储和共享，对知识又是怎样利用的？这些问题构成了企业知识管理的重要内涵。对企业知识管理的研究开始于 20 世纪 80 年代，由于市场竞争激烈，企业减员和员工流动成为企业的常态，如何留住有技术知识的员工，如何对留在员工头脑中的知识进行管理成为企业界热衷的话题。伴随着计算机技术和互联网应用，对企业知识的管理吸引了众多学者的注意。1986 年，瑞典知识管理学者斯威比（Sveiby）首先提出知识管理和知识型组织的概念，并对知识型组织如何管理进行了系统的探讨。1988 年，管理大师彼得·德鲁克在《哈佛商业评论》上发表了“新型组织的出现”一文，在这篇文章中论述了知识对现代组织的重要性，提出了未来信息型组织知识管理的内涵。野中郁次郎（Nonaka）从隐性知识和显性知识角度出发，提出了知识创新理论。美国的维格（Wiig）从人工智能角度深入讲解了知识管理内容。此后，众多学者对知识管理给出了自己的定义，研究的视角包含了技术、资源、过程与关系等多方面。梳理知识管理文献，大致可以将知识管理研究视角分为三个方面：知识资源应用视角、过程视角、能力视角，可以较好地概括现有定义，如表 2-2 所示。

表 2-2　知识管理的定义与研究视角

知识管理的定义	研究视角	文献作者
以 Dow 化学公司为例，认为知识管理就是为公司做出最好的决策，为客户、股东和员工创造价值	知识资源应用视角	Petrash（1996） Wiig（1997） Beckman（1997） Malhotra（2008）
知识管理是对知识的构建、创新和应用，以使企业获得更大的资产回报		
知识管理是对经验、知识以及技能的使用，促进企业创新、提升顾客价值和企业绩效		
知识管理就是企业内知识资产的管理		
知识管理在很大程度上被看作是一个涉及多种活动的过程	过程视角	Alavi M.，Leidner D. E.（2012） Little S.，Ray T.（2005） 邱均平（2006）
知识管理是在组织内至关重要的组织学习、创新和成功的过程		
知识管理包括与知识有关的各种资源和无形资产的管理		
知识管理是组织管理知识的能力，包括知识分析、知识规划以及知识科技	能力视角	Bentis（1996） 蒋天颖（2012） 古志文、肖仙桃、陈利涛（2012）
知识管理能力界定为协调各种知识管理行为、整合组织内外部各种知识的能力		

注：作者根据文献整理。

综上，现代企业是以知识为核心的运营过程。首先，知识表现为企业的资源，企业长期经营积累的各种知识成为企业内重要的知识资产，企业通过知识管理演化为企业的各类资源和能力；其次，知识管理是企业获取内外部知识，共享、利用知识的过程，在这一过程中企业通过知识管理活动促使企业相互学习、创新，从而形成独特的难以模仿的资源和能力；最后，知识管理表现为积累企业能力的过程。从能力视角看，知识管理水平也是企业能力的体现，包括企业对知识资源的整合、协调与利用的能力，在企业营销与品牌管理中表现为营销与品牌管理运营能力，积累营销与品牌知识的能力，推动品牌进化的能力。

三、企业知识管理研究的内容

整理相关的文献，知识管理过程涉及多种活动，包括知识获取、知识流动、知识共享、知识整合、知识利用、知识吸收等，基于与品牌进化的相关性，重点综述以下三个方面的内容。

（一）企业内部知识流动与共享

在现代企业竞争中，知识作为企业创新的原点，对企业价值的创造具有关键的作用，知识在企业内不同的节点动态转移，实现了知识的共享，通过知识整合提升了价值。这一过程就是知识流动，是企业知识管理的基础。对知识流的研究是近年来重要的研究课题。1977 年，管理学家 Teece 发表了《跨国公司技术转让：国际技术转移的资源成本》一文，从跨国公司技术转让角度提出知识转移的概念。Zhuge 认为，知识流就是知识在人与人之间的相互传递和处理的机制。国内学者研究知识流问题相对比较晚，主要建立在国外学者的研究基础上。王建刚等认为，“知识流是一个动态的过程，知识在组织内外经过获取、积累、转化、交流、应用、创新等阶段，以实现知识的传递、转移与共享，达到知识价值的实现与增值。”知识在个体或组织之间吸收、交流、扩散与交换，使知识在企业内相互流动，从而实现知识的集聚、扩散和共享，形成企业经营的基础。

（二）知识获取

企业在与外部的合作伙伴、顾客合作交易过程中，储存于不同知识主体的知识在交流过程中发生流动，当企业拥有足够的吸收能力时，这些来自外部的知识便成为促进企业成长创新的知识源，我们称之为知识获取。Soo 等学者根据 317 家企业的调查结果认为，企业与外部互动的过程就是知识获取的过程。那么，企业在与外部组织或个人互动过程中所获取的外部知识是什么？程聪等认为，企业从外部可以获得两种知识：外部技术知识和外部市场知识。从外部知识主体角度划分，王海花等认为，来自企业外部的公共部门、大学、技术中介、消费者、供应商等可以构成企业的外部知识源。伴随着竞争市场的发展，来自顾客的外部知识越来越重要。企业外部知识分为三个部分：一是来自顾客的外部知识；二是来自合作伙伴的外部知识；三是来自竞争对手的外部知识。

（三）知识的整合和利用

知识在被企业获取的过程中，是分散的、随机的，通过知识管理体系将分散于不同个体的零散的知识整合为系统的、有序的知识体系为企业所用。“知识在个体间的转移……知识经过整合提高了可利用性。”流入到企业被吸纳整合的知识只有被使用才具有价值，因此知识利用是知识管理重要的过程，知识利用是对知识的整合、吸收、创新和使用的过程。格兰特（Grant）认为，知识利用包括促进知识转移的指令、企业成员互动的惯例以及自我约束的团队三项基本机制，提出了如何更好利用知识形成创新的知识管理方法。

四、知识进化

自达尔文提出进化论以来，进化成为学者分析社会现象的重要方法。进化论认为，自然界生物的多样化是随着时间推移而不断变化的，并不是恒定不变的；生物基因决定生物的遗传和变异性状；自然选择是生物进化的动力；生物在不断适应环境的过程中进化。知识也具有典型的类生物特征，知识不可能只有一个驻点，知识也需要流动和传播，知识在流动中通过进化实现知识水平的提升，这种现象称为知识进化。著名哲学家波普尔认为，“知识进化就是关于知识增长的达尔文理论”。从知识的特征看，知识的传承、变迁与联系都经历着产生、传播、淘汰和更新的过程。新知识产生之时，知识主体不断学习获得来自于外部的知识，新知识从无到有，从旧到新，实现了新旧交替。伴随着知识主体的经验、认知的不断增加，知识也在不断增长，一方面是量的累积，知识获得了增加；另一方面是质的突变，知识获得了更新。基于共同知识基础，知识的传承获得了延续，实现了代际传播。知识增长也依赖于环境，由于环境的变化，知识在传播过程中发生了变异，产生了新的知识，形成了知识创新。因此，知识延续着自然界的进化，伴随着时间的推移实现传承和创新。

对知识进化的研究目前主要集中在定义、特点、内容和进化机制等几个方面。对知识进化的研究开始于波普尔、坎贝尔、德鲁克、野中郁次郎等学者对知识创新概念的研究。波普尔认为人类知识的创新类同于自然界的进化过程，是一种进化的产物。坎贝尔从知识基因突变分析知识的适应与淘汰，提出知识的创新与进化问题。管理学家德鲁克从企业知识新旧转化角度分析了知识的进化与创新。知识管理界的重要学者野中郁次郎的SECI知识循环描述了知识进化的过程。国内学者对知识进化的研究开始于刘惠植，从知识基因角度分析了知识进化，认为知识的遗传变异决定了知识进化的不同阶段。朱祖平从知识元的角度分析知识进化的机制。何云峰认为知识进化应包括内容方面的进化、形式方面的进化和工具方面的进化。此后，张凌志、张四新、何兵等学者分别从知识进化的原理、机理、来源角度对知识进化做了系统分析，为进一步研究知识进化的理论内涵做了系统的理论铺垫。

五、研究述评

知识作为被人类处理和抽象的信息，不仅存在于个体中，也产生于组织体内，发挥着重要作用。企业发展不仅依赖内部知识，外部知识同样影响着企业运营和决策。知识嵌入到企业经营情境中，受到知识状态和企业知识处理能力的影响，从而表现出差异，因此知识管理决定企业运营水平。知识以及知识管理与企业管理研究融合之后，呈现出多学科交叉研究景象。作为普适性的知识与知识管理理论，其原有的研究边界模糊，适用范围广泛，理论建构难以停留在具体层面上。如何使知识管理理论与管理现实相结合发挥出巨大的实践指导作用？在动态竞争的营销环境中，将知识管理思维视为营销实践方法和分析框架，才能以全新的视角观察品牌成长问题。

文献研究表明，作为知识重要载体的企业，应深入分析企业知识状态，识别内外部知识对企业运营的影响；进行系统的知识管理，设计合理的管理促进知识获取、存储、共享和利用，可以有效提高企业运营效率；知识不是一成不变的，随着时间的推移，知识被加工、创新从而不断进化，演变为新的知识，为企业管理服务。作为企业核心管理内容，知识管理在国内外研究的范畴比较宽泛，通常包括企业知识管理的背景研究、知识管理的实施研究、知识管理与组织研究、知识管理体系研究、知识管理技术研究等多个方面。因此，基于知识管理视角可以提升企业运营效率，推进企业管理水平。从品牌管理角度看，知识管理的创新机理研究对探索品牌成长的规律，推进品牌进化的研究具有重要价值。

第二节　品牌进化相关理论综述①

一、品牌生态理论

品牌进化研究起源于品牌生态理论。20 世纪 80 年代，进化理论在社会学的广泛应用促进了品牌生态理论的发展。在西方学术界，品牌生态环境、品牌生命周期理论、品牌个性、品牌生态位、品牌基因等理论促使品牌生态理论研究内容越来越丰富。国内学者系统地总结了品牌生态理论，提出了“品牌生态学”理论体系，其中品牌生态系统、品牌生态环境、品牌生态位是品牌生态理论重要的研究方向。

（一）品牌生态系统

20 世纪 80 年代中期，美国学者摩尔（Moore）首次提出商业生态系统的概念，在商业环境中顾客、企业、市场、政府等构成了一个商业生态系

① 杨保军，黄志斌. 品牌进化理论研究文献综述及展望［J］. 企业经济，2015（3）：10-15.

统。大卫·阿克在《品牌领导》一书中提出品牌群的概念，阐明了品牌生态系统的内涵。西方研究者将品牌生态环境、品牌生态位理论作为品牌生态系统重要内容。在国内，王兴元教授较早提出名牌生态系统的概念，并做了大量细致的研究。张燚等认为品牌与外部市场环境各利益相关者相互作用，形成了具有生态系统特征的品牌管理系统。此后，众多国内外学者对品牌生态系统分别做了系统的归纳和实证研究，拓展了理论内涵。品牌生态理论从动态视角分析现代竞争中的品牌关系；从战略角度分析以品牌为核心的利益群体形成的价值链系统，如企业、竞争对手、顾客、供应商、中间商、政府等相关组织和个人之间的关系；从动态协同竞争视角关注品牌进化与成长，为企业品牌进化研究提供了重要理论基础。

（二）品牌生态环境

在生物学中，生态环境是指生物个体或群体所处具体地段各种生态因子的综合，又称生境。品牌生态环境是影响品牌成长的各种生态因子。学术界对品牌生态环境的研究给予了较多关注。刘婷等从利益相关者角度分析了品牌生态环境的构成。高松等系统分析了品牌生态环境的影响。蒋小钰从品牌生态环境的概念、组织与结构、功能与作用几个方面论述品牌环境生态学的研究架构。在品牌运营过程中，由政府、顾客等构成的经济、社会、地缘等外部环境因子和企业内部技术、产品、员工构成的内部环境因子相互作用，共同推动品牌成长，是影响品牌进化的重要因素。

（三）品牌生态位

生态位是生态学重要的概念，以其丰富的内涵被引用到多个社会学科中。近几年来，生态位概念逐渐被引入市场营销学，称为品牌生态位，是品牌生态理论背景下一个重要的讨论概念。品牌生态位实质是探讨品牌在市场环境下占用资源的状态，王仕卿、韩福荣认为，“品牌（种群）生态位则是指其所提供产品或服务能满足顾客需求的时间（产品或服务生命周期）、空间（地理位置）、类型（需求的性质）及其与相关品牌种（直接或间接发生协作联系的品牌种）和资源之间的功能关系”。品牌生态位是品牌在生态系统中所处的位置，是品牌与外部环境通过资源利用与循环、能量流动、信息传递而形成的相互依存、相互作用的功能关系。品牌生态位具有三方面的性质：首先，品牌生态位反映的是品牌群中单个品牌相对的地位和作用，单独孤立地分析一个品牌生态位是没有意义的；其次，品牌生态位反映了在某一时期或某一阶段品牌竞争的态势和结果；最后，品牌生态位动态地反映了品牌在品牌群中的位置以及与竞争对手竞争的结果，品牌生态位总是处于动态的演化过程中。品牌生态位概念的引入可以使我们从生态学视角观察一个品牌在市场中所处的位置，动态地研究品牌的产生、品牌的成长以及品牌与周围环境的关系。通过品牌生态位测度指标可以有效地评价品牌目前利用资源的状况以及与相关品牌的竞争关系，从而为品牌进化提供有效的战略规划。

综上，品牌生态系统是指以品牌为中心的商业生态环境，由品牌、供应商、中间商、顾客、竞争对手、相关组织和个人组成的相互作用、相互影响的价值链体系，品牌生态系统是品牌生态理论的核心概念。传统的品牌理论从静态视角分析品牌战略与策略，品牌生态理论以生态学理论动态分析品牌竞争所处的环境、资源与关系。艾克的“品牌群”理论、温科勒的品牌生态环境理论，以及品牌生态位理论反映了品牌生态系统中品牌进化的功能要素、结构要素、关系要素以及经济要素。品牌生态系统是从生态视角分析品牌所处的环境以及与环境之间的品牌关系。当然，企业品牌活动是人类社会的高级经济活动，如果完全以生物学方法类比可能使品牌研究走入形而下的研究窠臼。因此，借用生态学研究并结合品牌运营实际和知识管理理论可以更为深入地研究品牌生态关系，相关理论的研究为品牌进化理论提供了重要理论支撑，架构了品牌进化的理论背景。

二、品牌进化的概念与内涵

（一）品牌进化概念的提出

在企业发展过程中，品牌也在做类似于生态学意义的进化。菲利浦·科特勒（Philip Kotler）从产品生命周期角度认为品牌像产品一样，会经历一个从出生、成长、成熟到最后衰退并消失的过程。每一个品牌的生命周期中，技术创新都起着关键作用。西蒙（Hermann Simon）通过对 7 个不同市场的 35 个品牌进行实证研究，提出品牌生命周期模型，确认了品牌演变的过程。Moore 通过普拉达案例分析了奢侈品牌进化的阶段，从追求与众不同，到建立发展平台，再到品牌收购，在 2000 年以后公司品牌进入缩减与整合时期。这四个关键改革时期反映了品牌进化的阶段。对品牌进化的分析具有重要的启示作用。Rindell 认为，大部分市场最后会处于品牌进化状态，因为市场面向全球开放，这股力量会对消费者产生改变。迈克·艾温（Michael T. Ewing）认为，品牌灭亡是不可避免的，不一定是由管理无能造成的，这种死亡是一种自然结果。艾温等学者基于文献和品牌衰老模型论证了品牌的演变，为我们分析品牌进化提供了重要的理论基础。国内较早的文献是陈小平在 2001 年提出的品牌认知进化概念。孙育平、陈楠、胡纲、唐文龙、吴志刚等学者分别从品牌基因传承与进化、品牌识别设计演化、消费者忠诚度向品牌崇拜进化角度研究。周骏宇认为，品牌是一种特殊的生命体，一样存在进化的进程。在品牌演进的过程中，一方面传承着上一代品牌的基因，使品牌保持特色和连续性；另一方面也不断接纳来自竞争对手的品牌基因，对自身品牌进行改造，使品牌逐步趋于时尚，更加适应市场的需要，这种现象称为品牌进化，是品牌与其生态环境相互作用的动态演变过程。Merrilees 提出，所有品牌都需要定期重塑，以保持符合当前的市场需要，这就是品牌进化，基于加拿大零售商加纳泰尔（加拿大轮胎公司）案例提出三个关键概念作为分析品牌进化的框架：品牌愿景、品牌定位、品牌战略实施，为分析品牌进化提供了重要的研究框架。从知识角度看品牌进化，基于多源的品牌知识推动着品牌的进化，最终使品牌在市场上表现出差异化的特征。

（二）品牌进化的内涵分析

现代市场竞争的复杂性和变动性决定了企业不能以静态思维进行品牌管理。理论界和企业界针对品牌老化、品牌不适应市场等现象纷纷提出各种理论，如品牌重塑、品牌激活、品牌创新等理论。基于文献分析表明，品牌是有生命周期的，品牌是不断成长演化的，只有以动态视角分析品牌成长创新才能对品牌进行有效管理。品牌进化是基于品牌生态理论衍生的分析品牌成长规律的新概念，可以有效阐释品牌随时间推移而发生成长演化的过程。美国学者 Tevi 提出应用进化理论以解释品牌重塑的问题，并对品牌进化过程进行了理论模型描述。

综合现有的品牌进化理论研究的文献，品牌进化是指品牌在成长过程中与其生态环境相互作用的动态演变过程。理解这一概念包括四个方面：第一，品牌进化是品牌在竞争过程中创新成长的过程。竞争是品牌成长的本质特征。在竞争大背景下，品牌并不是一成不变的，而是不断创新以适应顾客需求的变化，在这一过程中，品牌形象、品牌内涵伴随着创新实现了品牌成长进化。第二，品牌进化的实质是品牌与品牌生态环境之间互相适应、共生成长的过程。处于不同生态位的品牌在获取成长空间时都要与品牌生态环境相互作用，形成相互适应、共生成长的生态环境。品牌在相互作用的过程中不断进化，适应并改变着品牌生态环境。第三，品牌进化是品牌基因成长演化的过程。每一个品牌都有自己的品牌基因，包括产品基因和文化基因两个方面。伴随品牌的市场竞争，品牌基因也在不断成长演化，产品技术、功能以及品牌文化的创新，推动了品牌基因的成长演化，从而促进品牌进化。第四，品牌进化路径的差异决定了企业品牌绩效水平。每一个品牌进化的路径都是不同的，基于不同外部因素的影响，形成多种品牌进化的路径，决定品牌绩效水平的差异。

品牌进化作为一个新概念尚不为人所熟悉，但品牌进化问题本身已经为国内外众多企业所实践，学术界也不断以其他相关概念探讨这个问题，如品牌老化与激活理论、品牌重塑理论、品牌生命周期理论等。许多企业、银行、教育、公共机构都在不断实践着品牌进化理论，与品牌进化相关的理论也在逐步被国外学术界所关注，但是与鲜活的商业实践相比，学术界的研究相对比较滞后，许多还停留在概念辨析、性质、作用、案例研究阶段，深入的理论探讨还较少；对品牌进化的相关概念还比较模糊；对品牌进化指标和评价体系设计比较缺乏；研究方法的应用还比较单一，缺乏深入的实证研究，为进一步研究提供了方向。

(三) 品牌进化的研究内容

(1) 品牌进化的影响因素研究。目前，理论界对影响品牌进化因素的研究主要集中在顾客品牌知识和吸收能力两个方面。顾客品牌知识是品牌进化重要的外部知识源。品牌知识是知识管理边界向外拓展过程中建构起来的外部知识源，包括品牌意识和品牌形象，品牌知识的研究将人们的研究视野引向了新的研究方向。2003 年，凯勒进一步修正了他对品牌知识的认识，他认为品牌知识是建立品牌战略管理体系的起点，应将品牌知识作为“品牌合成”(Brand Synthesis) 的研究途径。学术界对凯勒的品牌知识概念给予了积极回应，Nazli Alimen 等分析了品牌知识对品牌选择的影响。国内学者基本上都基于品牌认知和品牌形象两个角度对品牌知识结构进行分析 ，每一个视角的研究都为我们提供了重要的思路。品牌知识是基于顾客对品牌产品知识和品牌形象知识的认知，是在企业边界之外的与企业管理活动高度相关的外部性知识。顾客品牌知识的建构必定是在需求情景或购买情景基础上建立起来的，在特定的情景下顾客通过沟通与交流活动实现了对品牌的认知、联想的“知识合成”。换句话说，顾客品牌知识是一种顾客置身其境体验与领悟的主动的知识建构过程，企业利用自身的知识管理系统吸纳顾客品牌知识推动品牌进化。

品牌进化效率的高低决定于企业的吸收能力，吸收能力的强弱决定企业绩效的高低。吸收能力理论起源于熊彼特的经济理论，后被科恩(Cohen) 和莱文萨尔 (Levinthal) 1990 年提出，得到了众多学者的广泛回应，成为 20 世纪 90 年代以来最重要的理论之一。该理论认为，吸收能力是识别外部信息新的价值，并把它应用到商业目的，是企业创新能力的关键。吸收能力理论较好地解释了企业的知识学习、知识转移以及企业创新绩效，近年来被广泛应用于研究组织学习、人力资源管理、战略管理、营销管理等领域中。吸收能力是企业在实践中识别、消化和利用外部新知识的能力，对品牌进化、企业发展具有重要影响。此后，吸收能力的研究成为学者研究的热点，凯姆 (Kim) 从三星公司案例研究出发，提出先验知识基础和努力的强度决定了吸收能力，知识吸收能力是学习能力和问题解决能力。左拉和乔治（Zahra and George）提出了吸收能力是一种动态能力的观点，并将吸收能力划分为两个关键维度：潜在吸收能力和实际吸收能力。其中，潜在吸收能力包含知识的获取能力和消化能力两个维度，知识的获取能力是企业利用先验知识来辨识和获取外部知识的能力，消化能力是在企业内部成员对外部知识的理解和解释的能力。现实吸收能力则包含知识的转换和应用能力两个维度，转换能力是企业利用自己的沟通渠道和知识传送渠道将外部知识转化为已有知识的能力，应用能力是企业将外部知识应用于经营过程中产生商业价值的能力。这种四维度的划分方法对吸收能力维度的研究具有深刻影响，成为分析吸收能力的重要指标。从知识视角看，品牌进化的实质是知识的创新与进化，品牌进化的过程实际上是企业对外部知识吸收的过程。苹果品牌的不断演进、联想品牌标识的变化说明了成长的公司源源不断地吸收外部知识促进品牌进化，实现品牌创新和市场绩效的提升。

（2）品牌基因研究。基因理论在现代生物学发展中对解释生物遗传和变异、生物进化具有重要意义。借用基因的概念，可以将品牌视为一个生命体，具有和生物一样的基因。品牌基因理论的研究是品牌生态学发展的重要内容。相对于企业基因、产品基因和文化基因的研究，国内外对品牌基因的研究文献不多，戴维·阿克、菲利普·科特勒等学者分别从各自的角度对品牌个性进行了研究，薛可、余明阳、陈飞荣等学者分别从品牌的产品基因、文化基因角度进行分析。张文泉认为品牌基因的研究是实现品牌的形象认知和概念认知。品牌基因是附着在产品上的在品牌经营中具有显著的文化表征的具有遗传特征的知识体系，携带包含产品基因和文化基因的多种遗传信息，是决定品牌进化的基本依据。在管理咨询界比较关注品牌基因概念，解勇、赵保富等企业界学者对此都有较多贡献。将基因理论引入管理领域是近年来学术界一项重要的贡献。从产品基因、文化基因的研究到品牌基因的研究，品牌个性、品牌差异等一些重要的概念可以得到合理的解释。就目前的文献看，学者们对品牌基因内涵的分析、品牌基因构成的研究还不够深入。但随着人们对品牌理论的深入认识，品牌基因的研究对品牌进化理论形成重要理论支撑。

（四）品牌进化绩效

绩效是企业管理理论与实践研究的重要问题。美国学者奥特利（Otley）基于管理会计视角提出绩效是工作达到的结果。此后关于绩效管理的对象无论是过程还是结果的争论一直没有停止。马维特（Mwita）从综合的角度认为绩效是关于行为、产出与结果的综合性评价。在管理实践中，绩效评价涉及成本评价、财务评价与结果评价等几个方面。伴随着现代营销学发展，营销绩效也成为绩效研究的重要部分。营销绩效既包括财务绩效评价，也包括非财务绩效评价，客观评价与主观评价相结合。品牌绩效研究是营销绩效研究的核心。乔杜里（Chaudhuri）主要用品牌市场份额和相对价格表示品牌绩效。张婧通过 258 份问卷调查研究提出，品牌绩效是品牌最终运营获得的结果。综合相关研究成果评价绩效是指品牌在运营过程中取得的成效。品牌绩效既包括客观的财务评价，如利润率、销售收入等指标，也包括主观的非财务评价，如顾客满意度等指标。在品牌进化研究中，基于各种进化路径所获得的绩效称为进化绩效，这是验证品牌进化所取得的财务与市场的成果，分为市场绩效和财务绩效。

三、文献评述

生物进化论作为重要的解释生态进化现象和规律的理论被学术界所重视，社会学通过引入生物进化论解释人类社会活动的现象和规律，成为重要的学术流派。品牌在成长创新过程中也会表现为生物进化的某些特征，因此以隐喻的方式利用进化理论分析品牌成长规律成为全新的视角，构成了品牌进化概念和理论背景。

品牌进化理论的研究是继品牌关系理论、品牌生态理论基础上的重要的理论贡献。品牌定位、品牌资产、品牌管理以及相互品牌关系研究都是从静态分析角度展开，伴随着市场的发展，企业品牌形象、内涵需要不断变化才能适应不断变化的消费者需求，基于静态视角的品牌理论不能很好地解释品牌形象的变迁和内涵的演变。基于品牌关系和品牌生态思想的品牌进化理论，可以清晰地给出品牌演变的过程、动力机制、路径，为企业在动态环境中的战略变化提供重要的理论基础和策略。品牌进化理论的研究文献比较少，但从已有的文献来看，基于品牌基因理论的研究可以有效解释品牌个性、品牌差异和品牌传承，通过品牌基因的传承和变异提出企业品牌发展方向；基于品牌生态环境和生态位理论可以有效测度品牌所处的竞争地位，为企业未来的竞争策略制定和品牌进化方向提供重要参考；基于知识视角研究如何借鉴顾客品牌知识推动品牌进化，为企业品牌进化方向提供思路；基于企业吸收能力的研究是基于知识视角研究品牌进化的重要方向，企业对内外部知识的吸收能力决定企业制定企业内部管理制度水平，更影响到对品牌内涵的理解、对品牌未来进化的动力机制和路径的理解以及品牌进化方向的理解，企业吸收能力的高低决定企业品牌进化的效率；基于知识视角的吸收能力理论的研究对未来品牌进化绩效和企业发展具有重要影响。

第三节　知识管理与品牌进化理论综述

一、企业知识管理的过程综述

知识管理界定为一种过程已经为众多学者所认同。野中郁次郎和竹内弘高在 1995 年合作的《创新求胜》一书中提出了 SECI 模型和知识场（吧）理论，对研究知识管理过程做出了开创性的研究。朱秀梅等学者对知识管理活动进行了归纳，涉及捕获、收集、获取、扩散、转化、共享、吸收、整合、产生、创造和利用。企业知识管理过程实质是显性知识与隐性知识相互转化的过程。

野中郁次郎在波兰尼关于知识隐秘性研究的基础上将企业知识划分为

显性知识和隐性知识两类，显性知识指可以用显在的、规范的语言文字描述的知识，如书本知识、电影知识等，而隐性知识则为不能直接用语言文字表达的经验、思维、信仰等知识。隐性知识和显性知识在企业中可以相互作用和相互转化，新知识得以不断创造，形成了四种基本模式——社会化（Socialization）、外部化（Externalization）、组合化（Combination）和内部化（Internalization），即著名的 SECI 模型。在社会交往的过程中，隐性知识的交流促进了个人经验知识的传递和共享从而实现了社会化；人们用可以理解的语言文字将隐性知识表达出来成为知识外部化的过程；内部化是企业知识通过培训传播，经过企业员工吸收消化形成员工个人的隐性知识的过程。隐性知识和显性知识之间相互转化形成了野中郁次郎命名的“知识螺旋”，新知识在转化中产生，成为知识创新。SECI 模型对研究品牌知识利用与创新、促进品牌进化具有重要作用。

二、知识管理对品牌进化影响的研究综述

学术界直接研究知识管理对品牌进化影响的文献比较少。国外对此问题的研究多从知识管理对企业创新的影响着手，如布兰德以 3M 公司为案例论述了知识管理对企业创新文化的影响。关于知识管理对品牌的影响主要是从品牌知识管理角度论述的，这方面的文献自凯勒开始后文献较多，如艾兰·理查德认为品牌知识管理是从内容到处理、从数据到隐性知识的管理活动，由此提出基于知识管理的品牌分析框架。国内学者关于此问题的相关文献多从知识管理对品牌的影响角度分析。韩震等从知识管理角度分析知识对品牌集聚系统的影响。杨保军、黄志斌从知识进化角度分析技术创新与品牌进化之间的耦合关系，提出构建技术创新与品牌进化共生耦合机制和促进老字号改造升级的路径。张雪平认为，知识是企业动态能力的根本来源，提出了坚持战略管理的知识导向、构建知识创造的动力机制等一系列通过知识管理提升动态能力的对策。林英军从知识管理应用角度认为，老字号的经营与传承实质上是知识管理的过程，由此提出知识管理下促进知识合理进化和知识显化的老字号的发展路径。综合现有文献分

析，基于知识管理理论研究可以厘清品牌进化的影响因素，界定企业内外部知识对品牌进化的路径。企业作为重要的知识处理系统，通过对企业内外部知识获取、分享和整合以促进知识的流动及创造价值。以知识管理视角界定企业内外部知识的构成和作用可以厘清影响品牌进化的知识因素，从而为进一步探索品牌进化路径打下基础。应以动态发展的思维看待知识的创新与进化。知识在企业内不同的节点流动，从而实现了知识的积累、增长，推进了知识的创新和进化。基于知识进化的理论研究以动态发展的思维分析品牌成长和创新，探索品牌成长中知识的遗传和变异，为品牌进化路径提供重要思路。

三、文献述评

传统的知识管理理论和品牌理论仅仅在各自领域快速发展，经典文献较少看到知识管理与品牌理论结合研究的成果。知识管理理论已经被广泛应用于战略管理、信息技术管理、图书情报管理等多个领域，但具体应用于品牌学术领域的文献还较少。随着现代品牌理论的发展，每一个品牌在发展中都是知识积累的过程，企业通过品牌管理加强内外部知识的获取，形成了可以为企业共享和利用的知识。品牌进化问题将成为现代品牌理论重要的研究方向。从学术文献看，知识管理对品牌的影响主要表现在品牌创新、品牌延伸、技术创新等方面，知识管理对品牌进化主要表现为企业内外部知识的影响上。企业知识管理影响企业技术创新、企业文化、企业内部管理等内部知识流动，推动了企业品牌管理水平的提升，促进品牌传承进化；企业知识管理影响企业外部的顾客品牌知识、竞争性外部知识、伙伴型外部知识，推动企业合理利用外部知识，通过系统的知识管理获取、共享和利用外部知识推动品牌进化。在进一步的研究中，品牌进化的影响因素是什么？基于知识管理的品牌进化路径有哪些？品牌进化过程中不同知识源起到了什么作用？知识管理、品牌进化与品牌进化绩效是什么关系？以上研究内容在现有文献中均少涉及。因此，知识管理理论深入研究为品牌理论提供了新的研究视角。

本章小结

本章从知识管理理论、品牌进化理论，以及知识管理与品牌进化关系角度进行了系统的文献综述，其中知识管理理论综合了知识、知识管理、知识进化的含义和研究内容，系统地综述了知识管理基础及当前研究前沿理论，知识管理研究与品牌理论的结合将为品牌进化理论研究提供重要的理论基础和研究视角。

品牌进化理论主要从品牌进化理论的提出、品牌进化的含义、品牌进化绩效、品牌生态理论等几个角度进行综述，现代品牌理论的发展将人们关注的视野从静态的概念探索逐步转向到动态的品牌进化理论，这一演变反映了对品牌理论认识的逐步深入。学术界对品牌进化研究的文献还不多，但围绕相关问题的研究文献拓展了理论的边界。归纳梳理品牌生态环境、品牌生态位、品牌知识、吸收能力、品牌绩效等相关品牌进化理论的研究可以较为清晰地找到品牌进化研究的脉络。学术界关于品牌进化、品牌进化影响因素、进化路径、品牌进化路径与进化绩效的研究文献较少，成为本书研究的重要内容。

知识管理与品牌进化关系的研究是品牌理论发展过程中不可回避的内容，学术界对此问题的研究随着品牌理论的探索逐步增多。一方面，知识对品牌内涵的影响、知识对品牌管理的影响、知识对品牌进化的影响随着研究的进展逐步深入；另一方面，知识管理对品牌管理模式的影响、知识管理对品牌进化因素的影响也通过相关问题的研究逐步加大，由此提出基于知识管理视角的品牌进化路径具有重要意义。

基于知识管理视角可以深入研究品牌进化的内涵，探索企业内外部知识的流动对品牌运营和品牌绩效的影响；探索企业外部知识获取与共享利用的途径对品牌进化过程的影响；探索基于不同知识源影响的品牌进化的路径、企业知识管理、品牌进化与绩效的关系等都具有重要的创新意义，也为本书奠定了重要的理论研究背景。

自达尔文发表《物种起源》以来，进化论被广泛应用于生物学以外的其他社科领域，深刻地影响着社会科学理论。现代品牌管理理论研究表明，基于企业、顾客、竞争对手、供应商、相关利益者形成的品牌生态系统影响着品牌的建立和发展，品牌内部的生态关系、品牌与品牌之间的生态关系、品牌与市场环境之间的生态关系影响着品牌战略和运营。生态学研究从品牌关系、动态视角分析促进了品牌成长和壮大，这是品牌进化研究重要的前提。品牌进化的本质是知识的进化，基于知识管理的分析将成为今后品牌进化理论的核心，因此基于知识管理分析品牌进化机制、品牌进化的路径和绩效将打开品牌研究的大门，深入推进品牌理论的发展。当然，品牌进化是高级的人类活动，文化因素的影响、市场环境的变化、顾客心理的变迁都可能影响进化过程，在研究中必须注意到高级社会活动的特殊性，才能更有效地解释品牌成长的规律。

第三章　品牌进化知识归因与影响因素分析①

在以知识为核心能力的竞争时代，品牌发展不仅仅是知名度和美誉度的提升，更是品牌知识内涵的增加。从进化视角看，品牌从弱小到强大的成长过程中，在市场环境不断变化和企业内部作用下不断演变进化，内涵知识不断增长，形成了品牌进化系统以适应市场竞争和顾客需求的变迁。在自然界，生物系统经过几十亿年的进化优化了其结构与功能成为自然竞争的优胜者。作为类生命体的品牌，内部的知识系统在适应生态环境变化的过程中不断进化，品牌功能和结构在适应市场需要的过程中逐步增强成为市场的领先者。在市场发展历程中大多数品牌没有经历进化就直接消亡了，存活的老字号品牌不断进化获得了同类品牌没有的知识系统，推动着品牌的发展。本章拟通过深入访谈的方式，利用扎根理论构建品牌进化模型，探索品牌进化的知识归因，对品牌进化的路径与绩效关系进行探索性分析。

① 杨保军，黄志斌. 回族老字号品牌进化模型探索性研究——基于扎根理论的视角[J]. 北方民族大学学报，2015（2）：117-122.

第一节　引论

每一个品牌在成长壮大的过程中都要受到消费者行为、竞争策略、政府政策变化的影响，企业演化经济学、产品生命周期理论为品牌在市场环境的演进和变化提供了重要的理论背景。纳尔逊和温特从进化生物学隐喻的视角将经济增长描述为由技术创新推动的演化过程，将企业惯例描述为具有程序性、默会性的知识，从知识视角研究企业演化问题成为重要思路。学者黄凯南进一步解释为，“知识变动是企业深层结构的变动，也是企业演化的本质，它直接推动了资源和产品层面的变动”。演化经济学理论为品牌进化提供了重要的理论基础。企业惯例理论、企业知识理论、技术创新演化理论等演化经济理论为深入研究品牌进化问题提供了丰富的文献资料和理论研究视阈，虽然一些演化经济学理论逻辑体系还不完整，但其分析方法和研究内涵对品牌进化理论具有重要的理论指导作用。

就像产品生命周期一样，面对市场需求、技术以及市场竞争，大多数品牌都会经历初创、成熟到衰退的过程，是品牌与其生态环境相互作用过程中，品牌基因在进化动力机制的作用下随时间推移而发生一系列不可逆的演变的过程。著名学者伊恩（Ian）等认为，“品牌的本质是知识”。这里的知识既包括企业自身拥有的产品、营销知识，也包括顾客的品牌知识、分销渠道具备的品牌知识，这为我们研究品牌进化提供了重要的思路。从知识角度看品牌进化，品牌基因是基于知识的进化，企业的品牌知识、顾客的品牌知识推动着品牌基因的进化，最终使品牌在市场上表现出差异化的特征。基于演化经济学的研究使我们从生态学的视角分析品牌的演变过程，提出了品牌进化的概念范畴。在现代知识管理背景下，从知识角度分析品牌进化的内涵和路径，将为企业品牌的动态管理提供重要的参考价值。我们通过企业调查，利用扎根理论来进一步探讨这个问题。

第二节　研究方法和数据来源

一、研究方法

作为管理学研究的一种重要方法，质性研究一直发挥着重要作用 。扎根理论作为质性研究的重要方法将被调查者的生活经验和认知通过直接的分析加以理论归纳，共同建构起有效的解释性的理论和价值。相对于实证主义来说，扎根理论基于探索性研究将数据不断提炼、归纳和修正，将在已有的范畴中不断融入新的范畴形成理论框架，直到理论饱和。扎根理论和实证量化方法不同，并不是先有假设然后利用数据验证，而是将研究建立在描述性资料、实地笔记、当事人引言等资料的基础上，不断提炼数据进行归纳直至理论框架的形成，从微观层面对管理现象进行细致、动态的描述和分析，以此发现问题或提出新的看问题的角度。扎根理论的核心是资料收集与理论分析的互动。通过开放式编码，将资料分解、现象概念化，然后通过主轴编码和选择性编码对资料抽象、提升，从而将收集的资料形成可解释性的译码，结合文献资料建构理论。

扎根理论基于可重复检验的经验数据，使理论构建更为科学，增加了信度和解释力，形成了较为规范的研究范式。首先，本书的研究对象甘宁青地区回族老字号分布于多个中心城市，各地情况不一样，企业经营环境也不相同，因此，需要研究者深入企业所在地，进行深入的经营观察、顾客调研、员工访谈，更需要对企业高层管理者进行深度访谈，获得扎实的第一手数据。通过扎根理论进行探索性分析，可以在纷繁庞杂的调研数据中探究品牌进化的深层次的知识归因及相应的进化路径。其次，对于研究品牌进化问题来说，一次访谈显然不能获得需要的研究数据，需要长时间进行跟踪才能收集到。因此，研究者在三年里利用假期先后多次往返于三省的 14 家回族老字号，对企业经营情况进行跟踪观察，取得了较为扎实的资料，为品牌进化路径的探索性分析提供了重要数据支持。通过扎根理论的研究，可以利用重复多次的调研访谈数据验证模型。在研究中通过探索性分析，对资料进行开放式编码、主轴编码和选择性编码三个程序，进行饱和性理论验证，并通过资料对比和归纳来建构品牌进化模型。

二、数据来源

为深入分析品牌进化过程，需构建有效的品牌进化路径。回族老字号是甘宁青地区标志性品牌，具有较高的市场影响力。根据研究者对老字号选取的原则，一类是品牌创立于 1956 年以前的企业（商务部认定），根据可靠资料，目前甘宁青地区 1956 年以前成立的回族老字号企业主要有：敬义泰（宁夏）、民族饭庄（宁夏）、春华楼（甘肃）、金鼎牛肉面（甘肃）、马子禄牛肉面（甘肃）、小圆门（青海）6 家；另一类是品牌创立于 1984 年以前的回族老字号企业（成立 30 年以上），包括唐汪手抓（甘肃）、仙鹤楼（宁夏）、泉儿头（青海）等 30 余家。研究者选取了所有甘肃、宁夏、青海 6 家成立于 1956 年前的回族老字号企业，这代表传承至今经营良好的老字号；在 1984 年前成立的回族老字号中按照地域代表性、经营种类代表性选取了 8 家回族老字号企业为研究对象。14 家回族老字号包括 3 家食品加工企业和 11 家餐饮企业，兼顾了区域内较具代表性的老字号，通过企业调研、企业家深度访谈等方式形成第一手资料。其中，前 13 家访谈资料作为扎根理论构建的原始文本资料，一共编写了 242 条开放编码。以第 14 家企业的访谈文本作为扎根理论模型的检验资料，如表 3-1 所示。

表 3-1 受访者情况

访谈人	职务	企业性质	访谈方式	相关工作经历（年）
王总	副总经理	加工企业 1/老字号	个人深度访谈	8
徐老师	企业顾问	加工企业 1/老字号	焦点小组访谈	2
张总	总经理	加工企业 2/老字号	个人深度访谈	6
马总	总经理	餐饮企业 1/老字号	个人深度访谈	9
吴主任	办公室主任	加工企业 3/老字号	个人深度访谈	8
张总	董事长	餐饮企业 2/老字号	个人深度访谈	16
刘总	总经理	餐饮企业 3/老字号	个人深度访谈	30
方经理	总经理	餐饮企业 4/老字号	个人深度访谈	28
尹老板	老板	餐饮企业 5/老字号	个人深度访谈	8
汪总	董事长	餐饮企业 6/老字号	个人深度访谈	15
者经理	经理	餐饮企业 7/老字号	个人深度访谈	38
马总	董事长	餐饮企业 8/老字号	个人深度访谈	16
马主任	办公室主任	餐饮企业 9/老字号	焦点小组访谈	8
马经理	大堂经理	餐饮企业 10/老字号	个人深度访谈	6
马经理	办公室主任	餐饮企业 11/老字号	个人深度访谈	7

访谈前，研究者先预约访谈企业，告知访谈主题和访谈时间，使其为访谈内容稍做准备。访谈开始时，研究者先介绍回族老字号品牌进化课题的研究内容，并就品牌进化的内涵向受访者进行解释和说明，以确保受访者能对品牌进化和相关内容正确理解。同时，为了使本访谈过程达到预期目的，访谈对象确定为公司董事长或总经理等高层管理者，或者由其指定熟悉公司品牌发展的办公室主任或其他熟悉公司情况的中层管理者接受访谈。对于高层管理者采用个人深度访谈方式，有两个企业由办公室主任召集公司中层管理者采取焦点小组访谈的方式。主要访谈的题目包括：①请您谈谈公司的历史（老字号基本情况介绍，品牌创立、发展历程，所传承的独特产品、技艺或服务，特色传统文化，获得的其他社会荣誉）。②您的企业最重要的几个转折点是什么？③作为老字号企业，公司最初对老字号品牌是如何认识的？④您认为公司历经这么多年的发展，最重要的依靠是什么？⑤您认为提升贵公司品牌资产主要采取了哪些措施？⑥相对于竞争对手来说，作为老字号企业您认为存在的突出问题是什

么？⑦相对于竞争对手来说，作为老字号企业最大的优势是什么？⑧贵公司在品牌建设过程中主要应关注什么因素？⑨您认为老字号企业品牌进化的途径有哪些？⑩您认为老字号品牌建设和品牌创新的目的是什么？访谈结束后，研究者重新听取录音资料整理访谈内容，完成访谈记录和备忘录，获得访谈文本和原始数据。

第三节 扎根理论模型建构

一、开放编码

开放编码是扎根理论形成的首要环节，这是将访谈文本范畴化的第一步。主要流程是对原始访谈文本资料逐字逐句地进行编码、标签和登录，将不同的访谈关键话语赋予编码，从中产生概念，以发现概念范畴。为了忠于原始资料，编码过程中尽量使用受访者原话作为标签进行编码，以便于从中挖掘原始概念。以代表性的原始资料形成的概念和范畴进行开放编码，如表 3-2 所示。

表 3-2 开放编码形成的范畴

主范畴	对应范畴	概念
顾客品牌知识	产品知识	顾客对老字号清真菜品的认可最重要；现代年轻人喜欢酥皮的月饼，中年人喜欢传统广式的、硬皮的月饼；顾客关注食品健康，注重功能、清真品牌、健康；顾客对牛肉面（品质）的好坏清楚得很
	品牌知识	顾客认可老字号；老字号企业坚持原则，薄利多销，保证价格稳定，不会打折，获得了周围街坊的认可；由于迎宾楼所处地理位置较好，企业受到认可；我们是清真老品牌，老人们都认识
	消费体验	老字号是顾客们多年光顾比较出来的；顾客口味不断变化，要创造性发展；老字号依靠父辈打下的基础，四周街坊口碑很好

续表

主范畴	对应范畴	概念
企业内部知识	技术知识	企业发展依靠一些经典的东西和独家秘方，如迎宾楼的经典菜和冷饮；坚持自身本质，在保证本质的前提下追求创新；对于传统东西的把握较强，顾客评价高；老字号依靠的是祖传秘方，厨师都是家族人
	管理知识	企业得以发展很大程度上归功于从 1982 年刚刚开始到现在领导层发生的变动较少；为员工提供安置房；高层经理稳定，内部培养，对企业做大，做强、做长至关重要；老板眼光要长远
	服务知识	老字号的关键是你的顾客认可，服务不重要；老字号定位为高端餐厅，主营手抓菜品，要做环境、服务、味道
企业外部知识	外部专家知识	一些大学、研究所的技术对老字号产品技术开发很重要。我们经常与大学教授联系
	外部企业知识	老字号的本地菜肴比较少，要与时俱进，不断学习； 老字号要加强餐饮文化系统交流，做有文化底蕴的企业；我们企业注重人才培养，外派上海学习，请一些知名老师来培训，培养了一批年轻骨干；老字号要加强餐饮文化系统交流，做有文化底蕴的企业
	外部网络知识	网络的评价对我们还是有一点影响的。我们会根据网络评价调整我们的服务策略
产品技术	产品创新 技术创新	老字号要保证质量，缓慢扩张；老字号依靠传统稳定的扩张模式；企业老总眼光要长远，菜品不拘一格，不能单一适应顾客口味；要吸收清真、汉餐、西餐的特点；老字号由于家族性太强，很多以口味取胜，服务较差，影响了企业发展；如何实现最清真，企业内部，加强职工培训，采购和生产过程保证，管理严格，清真的认证；开发新品牌，速冻保鲜清真食品，采用湿保鲜技术，速冻方便菜肴，宁夏第一家；老菜标准化、稳定化；保持过去的优秀菜式，做一些招牌菜，推出新菜，拉高档次。有蔬菜基地、养殖基地、冷库；回族老字号的牛羊肉要请阿訇屠宰牛羊，保证清真；我们有完整的供应链，是宁夏龙头企业；按照传统流程经营企业；菜式花样调整适应顾客口味可以获得市场
品牌形象	品牌标识创新 品牌故事	老字号历史传承的名字，应该保护，但目前通用名称又难以保护，这是一个两难的问题；老字号要建立清真的形象，主要针对伊斯兰国家和地区；老字号要突出地方风味和宁夏特色；老字号内部装饰注重档次，要体现伊斯兰风格；每一个老字号企业都应有自己的企业故事

续表

主范畴	对应范畴	概念
品牌管理	品牌管理理念创新 品牌管理制度创新	老字号的创新要注重细节，在内部创新上企业设立企业文化奖，企业注重阿拉伯文字标示，内外一致的标示，包括牙签的改变等体现出对细节的关注。注重员工培养；主要员工培训、考核；员工选择不注重学历，注重能力，以业绩考核为准；经理等高层的聘用必须有群众基础，还要有业绩；员工了解负责人；公司设立“特别委屈奖”、“拾金不昧奖”；家庭问题是影响老字号发展的重要原因，由于一些老字号的接班人没有培养好，或者走上邪路，或者对经营餐厅兴趣不大，怕苦怕累，使老字号得不到发展和传承；管理制度要跟上，才能有顾客
品牌文化	品牌文化强化 品牌文化创新	清真菜肴的研发；立足回族清真饮食，吴忠第一；企业设立文化奖，加强老字号员工人员文化、制度特色、装饰文化（浓厚的民族特色）、阿拉伯文字的标识；先做人，再做企业；人做好了，才能做企业；老字号注重以德经商。老字号要改革必须要民族特色强，在菜肴上做文章；许多老字号不能做民族特色产品开发，不能用发展的眼光看问题；坚持本分做人，本分做事；做好现代生活和教义文化的接洽；回族文化是很宽泛的，一定要跟得上市场才能有顾客
外部环境	政府政策 市场竞争 社会风气 市场机遇	政府对老字号的鼓励；要获得政府信任，做公务接待、喜宴等；老字号要随着社会发展进行改造；政府应保持市场稳定，符合市场经济体制；老字号的发展依靠政府政策扶持；老字号失败的原因在于股东过于分散，竞争过于激烈，国营改革失败；宁夏政府支持的“500 万清真产业支持计划”有助于企业发展

二、主轴编码

在开放编码的基础上，通过主轴编码以建立范畴之间的连接，以形成数据间的逻辑关系。经典的扎根理论的典范模式包括“因果条件→现象→脉络→中介条件→行动/互动策略→结果”六个方面。在主轴编码阶段我们得到 8 个主范畴，按照扎根理论典范模式，主范畴、子范畴以及相互之间构成的脉络、中介条件以及行动策略，能够建立起关键词和数据的联系，最终形成知识归因、品牌进化路径、品牌进化外部动力的理论结果，具体如表 3-3 所示。

表 3-3　主范畴形成的典范模式

因果条件	现象	脉络	中介条件	行动/互动策略	结果
顾客品牌知识	产品知识 品牌知识 消费体验	顾客的认同 顾客的意见 顾客知识	知识吸收能力 知识差距	企业必须重视顾客品牌知识、企业内部知识和外部知识，从而实现知识的兼容并蓄，促进品牌进化	知识归因
企业内部知识	技术知识 管理知识 服务知识	产品样式 产品技术 服务水平	祖传秘方 管理制度		
企业外部知识	外部专家知识 外部企业知识 外部网络知识	专家学习 企业培训 网络评价	学习能力 交流能力 信息处理能力		
产品技术	产品创新 技术创新	技术传承 学习创新	产品秘方 组织学习	老字号的品牌进化必须走传承与创新的道路，适应顾客怀旧和求新的需求	品牌进化路径
品牌形象	品牌名称创新 品牌标识创新 品牌故事	品牌名称和商标保护 品牌故事	品牌保护 品牌重塑 品牌故事传播		
品牌管理	管理理念创新 管理制度创新	制度传承 制度创新	传承机制 控制机制	老字号品牌创新途径都是为了获得顾客（绩效）	品牌进化绩效
品牌文化	品牌文化强化 品牌文化创新	文化传承 文化创新	传承机制 创新能力		
外部环境	政府政策 市场竞争 社会风气 市场机遇	政府 竞争对手 社会	政策选择 竞争机制 社会文化 学习能力	关注外部市场环境的变化，选择政策时机和市场机遇，推动企业品牌进化	品牌进化的外部动力

三、选择性编码

选择性编码是将分析集聚到核心范畴，并在主范畴与子范畴之间建立逻辑关联的过程。核心范畴是在开放编码和主轴编码的基础上提炼的，是构建扎根理论模型的基础。在选择性编码环节，主要是根据主轴编码建立的关系来分析核心范畴是否能统领其他主范畴，从而构建扎根理论模型。本书的核心范畴是知识影响背景下的品牌进化路径，围绕核心范畴的故事线可以概括为知识——品牌进化路径——品牌进化绩效，范畴之间包括四个基本关系：①知识是品牌进化的基础，影响着品牌进化的路径；②企业内部知识和顾客品牌知识、外部知识共同影响着品牌进化，从而形成促进品牌进化的内部驱动力量；③品牌进化的路径是企业在外部品牌进化动力和知识影响下共同作用形成的；④品牌进化路径的目的是获得品牌进化绩效。这四个关系反映了 8 个主范畴对知识演化背景下品牌进化路径的影响。通过故事线分析构建起扎根理论模型，如图 3-1 所示。

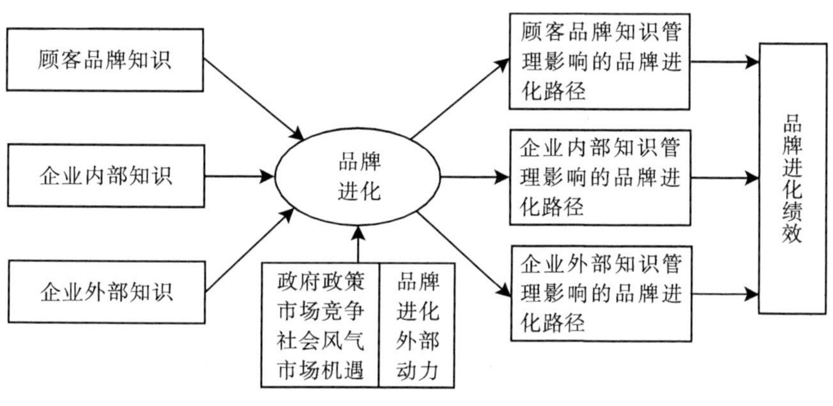

图 3-1　扎根理论模型

四、理论饱和度检验

通过开放编码和编码之间的逻辑关系分析，访谈文本资料可以反映“品牌进化的知识归因和进化路径”的脉络和因果关系，我们将构建的扎根理论模型在回族老字号企业餐饮企业的访谈资料中进行检验。在针对该企业的主要中层干部的访谈文本中，品牌进化的知识归因依然围绕企业内部知识、顾客品牌知识、外部知识三个方面展开并以此形成老字号的进化路径，如“饭店使用的材料很讲究”、“饭店坚持员工培训，分工明细，以老带新，由分管领导培训”、“饭店菜品根据每个季度的特色不同，每年推出两次特色菜；每半年换一次菜谱”、“饭店 20 多年都没有烟酒”、“最清真是回族老字号的特色”等，通过深入的访谈文本分析没有发现新的编码，证明构建的理论已经饱和。

第四节 扎根理论模型阐释

扎根理论模型的核心范畴是知识影响背景下的品牌进化路径，研究表明，顾客品牌知识、企业内部知识、企业外部知识、产品技术、品牌形象、品牌管理、品牌文化以及外部环境 8 个主范畴对知识演化背景下的品牌进化路径存在显著影响。其中，顾客品牌知识、企业内部知识、企业外部知识三个范畴构成品牌进化的知识归因，产品技术、品牌形象、品牌管理、品牌文化的创新构成品牌进化的核心内容，外部环境构成品牌进化的外部动力，品牌进化绩效构成最终结果。8 个主范畴共同构成品牌进化的模型，可以有效解释老字号品牌成长过程中企业与顾客、竞争对手、外部环境之间的关系内涵和品牌进化的方向。

一、品牌进化的知识内涵

品牌依靠什么成长进化？品牌进化后获得的是什么？如果从访谈的文本分析，企业被顾客认可，企业技术水平提升，管理制度和管理能力的完善以及经营绩效的增加是大多数企业领导所表达的内容。以知识视角看，知识是品牌成长的基础，品牌进化的实质是知识进化过程。产品知识、技术知识、品牌服务知识、品牌形象知识等构成品牌知识系统。品牌知识从一个知识驻点转移到下一个知识驻点，形成知识流，推动了品牌进化。由此，从知识视角看，品牌进化的内涵包括三个方面：

（1）在品牌进化过程中，顾客对相关产品、技术知识的了解和掌握以及顾客的消费体验都以隐性知识的方式潜藏在顾客头脑中，老字号在长期的品牌经营中深入顾客交流和调研，准确了解顾客需求和品牌知识，形成顾客品牌知识对品牌进化的影响。

（2）外部专家、同行之间的交流学习形成的技术知识和管理知识流动使企业在比较中获得提升，形成企业外部知识对品牌进化的影响。

（3）在企业内部，企业的技术与管理理念、文化的传承形成的知识流动，以及企业内部切磋交流形成的知识流动构成企业知识的进化，共同推动着品牌进化。

二、品牌进化的路径

从品牌管理角度看，品牌进化表现为产品技术创新、品牌形象重塑、品牌管理创新和品牌文化的创新。但从知识管理角度梳理访谈资料，品牌进化路径有三个方面。

（一）基于顾客知识管理的品牌进化路径

传统的回族老字号的品牌形象是“街边档”、“小门脸”、“带有民族特色白帽的小饭馆”（访谈文本，下同），大多依靠祖传技术或秘方发展起来。伴随着现代市场竞争和企业发展的需要，品牌形象对吸引顾客成为关键因素，因此，基于顾客品牌知识管理的导向促进品牌形象创新，是品牌进化的重要路径。

（二）基于企业内部知识管理的品牌进化路径

从访谈资料看，内部传承和细节管理促进了老字号品牌进化，一些回族老字号强调“老字号依靠的是祖传秘方，厨师都是家族人”；“企业发展依靠一些经典的东西和独家秘方，如银川迎宾楼的经典菜和冷饮”；更有一些企业“坚持自身本质，在保证本质的前提下追求创新”；“对于传统东西的把握较强，顾客评价高”；以传承和创新促进企业产品技术传承和提升，从而推动了品牌的发展。

传统的老字号注重细节，注重员工和接班人的培养；有非常严格的管理制度，这种理念和制度的传承造就了今天的成功。在老字号品牌逐步发展的过程中，对顾客的认知，对管理知识理解的深入也要求老字号通过品牌管理创新提升品牌竞争力，从而促进品牌进化。如一些老字号企业逐步引入新的管理模式，“员工选择不注重学历，注重能力，以业绩考核”；

“经理等高层的聘用必须有员工群众基础”；公司设立“特别委屈奖”、“拾金不昧奖”等，这是老字号品牌通过企业内部知识管理实现品牌进化的重要方向。

文化是回族老字号赖以生存的基石，“先做人，再做企业”，“人做好了，才能做企业”；“老字号注重以德经商”；“坚持本分做人，本分做事”等经营理念吸引了大量的顾客。但是现代激烈的市场竞争使耽于传统理念的回族老字号跟不上时代的发展。“做好现代生活和消费文化的接洽”对老字号发展非常有意义，构建基于品牌文化创新导向的品牌进化路径成为重要方向。

（三）基于企业外部知识管理的品牌进化路径

传统的回族老字号依靠“一招鲜、吃遍天”，“特色手抓”、“特色牛肉面”等单品取胜，产品创新不够，许多回族老字号长期偏安于一隅得不到发展，逐步没落。但另一些企业在开发新产品、新服务、新技术的过程中了解到自身的差距和缺陷，原有的企业内部知识体系不能满足企业需要，企业必须通过学习、借鉴、购买、联盟等方式获取企业边界之外的知识。在调研中，一些老字号企业反映：“我们每年都要派技术人员参加行业组织的学习”、“敬义泰与中国农业大学教授合作技术开发对我们影响很大”、“只有和同行交流才能提高”，反映出外部知识对老字号品牌的影响，外部专家知识、合作伙伴知识的引入推进了企业的发展。进一步的研究发现，这些来自企业外部的知识促进了产品技术的引进和创新，推动了企业服务水平的提高，提高了企业内部管理水平，而这些都是品牌进化的核心内容。

三、品牌进化的外部动力

没有外部环境的作用只能缓慢发展。在深度访谈回族老字号的基础上有两点重要的启示。

一是外部环境对回族老字号品牌进化具有显著的影响。“政府对老字号的鼓励”；“老字号的发展依靠政府政策扶持”；“老字号失败的原因在于股东过于分散，竞争过于激烈，国营改革失败”；包括政府政策、市场竞争以及社会风气等成为企业生态发展的影响因子，对环境的适应才能发展老字号品牌。

二是外部环境是品牌进化的重要动力。“老字号要获得顾客的信任”；“老字号要随着社会发展进行改造”；“政府应保持市场稳定，符合市场经济体制，按照市场来做事”，老字号在市场中成长离不开市场需求、竞争对手、政府的推动和压力，环境创造的市场机会也推动着老字号品牌的进化，使其获得快速发展。

四、品牌进化的目标

品牌为什么要进化？在一个静态的营销环境中这不是一个问题，但每一个企业都是在竞争的背景下成长，为了获得更大的竞争优势，获取更多的市场份额和更大的商业利益，应不断推动品牌内涵适应顾客需求的变化和竞争的需要，品牌形象才能获得更大的知名度和美誉度，这些目标统称为品牌进化绩效，回族老字号品牌发展的路径深刻地说明了这一点。基于第二章的文献分析，将品牌进化绩效设定为两个方面：市场绩效和财务绩效，在实证研究中具体论证。

本章小结

知识因素是回族老字号品牌进化的重要影响因素。本书基于扎根理论对 14 家分布在甘肃、宁夏、青海的回族老字号进行深入访谈，按照因果条件→现象→脉络→中介条件→行动/互动策略→结果的故事线，从顾客品牌知识、企业内部知识、企业外部知识开展研究，这三个主范畴对品牌进化都有显著的影响，构成影响品牌进化的核心因素。回族老字号品牌进化的路径延续知识进化的主导，外部环境是品牌进化的外部动力，获取品牌进化绩效是目标。

依靠扎根理论，研究者更为深入地走进了回族老字号发展的情景中，借助深度访谈和焦点小组访谈，通过理论抽样技术和理论归纳，找到了影响品牌进化的知识因素和老字号品牌进化的路径，阐释了主范畴的形成机制，有效地解释了回族老字号品牌发展中的各种因素和相关关系，为理解回族老字号品牌进化的知识影响因素和进化路径及进化路径与品牌进化绩效关系提供了结构性的理论框架，并提出了一些有价值的理论发现。本书的第五、第六、第七章将进一步应用访谈资料以案例研究的方法分析品牌进化路径，并在第八章通过实地调查问卷进一步以实证分析的方法分析知识管理、品牌进化与绩效之间的关系，以验证本章提出的探索性模型。

第四章　品牌进化动力机制

自大卫·艾克较早提出“品牌群”概念开始，学术界从生态学、进化理论来分析品牌面临的市场环境、品牌关系，温科勒则从品牌生态环境角度分析了品牌面临的市场环境，进一步将品牌纳入到生态环境的分析范畴。在自然界，生物与生物、生物与环境之间相互作用、相互影响形成复杂的生态系统，共同维持着自然界的动态平衡；在现代市场，品牌会随着时间成长演化，以不断适应品牌生态环境的需要。生物学理论认为，生物进化真正的动力来自于生物体旧有的机能与新的需求之间的矛盾。对于隐喻视角的类生命体品牌来说，进化的动力一样遵循着这个规律。

第一节　品牌进化的动力[①]

达尔文进化论认为，生存斗争是进化的动力。随着现代生物学发展，贝塔朗菲认为，“生物的进化，除了受达尔文主义理论所设定的那些原则支配之外，必定还有一种原则在起作用，这就是有机体内部的自主进化，

① 杨保军. 品牌进化的动力机制与模型分析［J］. 河南科技大学学报（社会科学版），2010（4）：74-77.

或者说有机结构的调整原理。他认为这能解释新达尔文主义留下的空隙”。[①] 由此，自组织、自然选择和遗传漂变被认为是生物进化的动力。生物进化理论可以为品牌进化提供理论基础，品牌进化动力同样来自三个方面：品牌竞争、品牌自组织、品牌机遇。结合原有的研究结论，从影响品牌进化的因素出发，可以将进化的动力归结为两个方面。

一、品牌进化的内源动力

品牌建立是基于市场的需要，以区别于竞争对手，从品牌导入到获得市场知名度和美誉度，都是在不断吸收企业内外部知识和资源，并不断成长进化。从企业视角看，品牌进化是品牌基因遗传和变异推动的结果。品牌基因是产品信息与品牌文化的集合，是某种特定产品的“配方”或“食谱”，它规定了品牌结构的基本特征及其自动生成的机制，在适合的外界环境条件下，自动生成特定品牌，并能与特定环境一起完成某些功能。品牌基因具有遗传性、变异性和自组织性，一般由产品基因和品牌文化基因构成。在品牌进化过程中，产品基因中的产品概念、产品设计、技术和企业形成的独特的品牌文化基因决定了品牌产生有利变异，经过自然选择，通过遗传逐代积累而保留下来。品牌基因则通过适应人们对品牌不同需求的选择将有利变异基因保留下来。基于品牌基因，品牌进化的内源动力根本在于品牌的自组织，即企业为获取品牌市场竞争力对品牌的规划、设计、定位和传播的过程。在企业内，品牌自组织过程来自技术创新和管理制度的推动。从知识流动视角看，企业技术创新主体通过知识的交流、共享与利用推动了产品和工艺创新以获取竞争优势。同样，在企业内部，企业管理制度的创新将会有效推动品牌适应市场的需要而创新，从而形成企业内部自发推动品牌进化的自我运作机制。

① 陈蓉霞. 进化的阶梯［M］. 北京：中国社会科学出版社，1996.

二、品牌进化的外源动力

在品牌生态环境中，内源动力是企业自组织的过程，而外源动力是推动品牌进化的重要条件。达尔文认为，自然选择是促进生物进化的重要动力。身处竞争中心的企业品牌感受的是来自市场和政府政策的影响。品牌经历的自然选择首先是市场，现代市场对品牌策略的影响主要表现为三个方面：

一是顾客需求的多变性使每一个品牌调整战略适应顾客的需求。

二是竞争对手的竞争导致品牌改变其形态、功能的特征，这些特化的特征长期固定下来，成为该品牌的适应性进化特征，进而提高了品牌的环境适应能力。通过竞争，有的品牌由于不能有效地利用资源而被淘汰；有的品牌由于具有较强的竞争能力，可以有效地利用资源生存下来，从而得以延续。由于不同品牌之间的生存竞争，通过市场选择使生存潜力最大、环境适应性最强、利用资源最充分的品牌得以生存繁衍，最终体现了品牌进化的意义。

三是外部的合作伙伴的影响。基于外部知识流动的视角，来自企业外部的专家学者、供应商、中间商等商业伙伴的合作联盟推动企业对外部知识的获取与流入，提高了企业技术创新能力，促进产品、服务与管理水平的提升，从而推进了品牌的进化。政府政策对品牌的影响体现在各种引导和帮助策略上。在中国市场上，政府对品牌的扶持体现在不同层面，如产业政策、品牌扶持政策、企业免税计划、融资政策等，在企业可能就表现为品牌机遇。在生物学中，遗传漂变也可能是生物进化的重要动力。对企业来说，政府政策的变迁同样是推动品牌进化的重要影响因素。

第二节　品牌进化的动力机制分析

一、品牌进化的动力传递机制

遗传与变异是生物进化的基础，基因复制与突变是DNA从亲代向子代传递的结果。作为类生命体的品牌进化同样表现为品牌基因的遗传和变异的传递过程。其中品牌基因是进化的基础，品牌基因中的产品要素、文化要素是两大基本构成要件，决定着品牌的发展特色和内涵。品牌基因的遗传表现为品牌在成长过程中对核心品牌元素的继承，这是对顾客的核心承诺。面对来自市场竞争、政府政策的影响，品牌基因在更新换代中不断适应顾客的需求、利益相关者的诉求，呈现出创新的元素，成为品牌变异。那么，品牌进化的DNA是什么？基于文献分析看，知识构成品牌进化的核心。品牌进化的过程就是知识的产生、传播、淘汰和更新的过程。品牌新知识产生之时，知识主体不断学习获得来自于外部的知识，新知识从无到有，从旧到新，实现了新旧交替。伴随着品牌知识主体的经验、认知的不断增加，知识也在不断增长，一方面是量的累积，知识获得了增加，品牌获得了传承；另一方面是质的突变，知识获得了更新，品牌获得了创新。基于共同知识基础，知识的传承获得了延续，实现了代际传播。知识增长也依赖于环境，由于环境的变化，知识在传播过程中一方面通过自我创新，另一方面借鉴模仿发生了变异，产生了新的知识，形成了知识创新。因此，品牌的知识DNA延续着自然界的进化，伴随着时间的推移实现品牌的遗传和变异。

二、品牌进化的过程

品牌进化的核心是知识的进化，企业内外部知识基于品牌自身的运作机制实现了知识的获取、共享和利用，推动了品牌在知识中的进化与创新。品牌进化作为企业生态现象有着自身的规律和运行的过程。

首先，品牌进化的基础是品牌基因，基于企业文化、管理制度、产品技术和发展历史形成的品牌基因是品牌进化的基础，也是品牌得以在市场立足的前提。

其次，在市场诱因的推动下，品牌基于内源动力和外源动力的推动实现了品牌发展；来自市场利益、政策推动、顾客需求的变迁成为品牌进化的重要诱因，基于品牌在内外部动力的推动下，品牌经过复杂的自组织过程，升级演变成具有全新知识内涵的品牌形象，适应了市场的需求，获得了新的竞争优势。在这一过程中，品牌基因经过自组织过程获得了遗传；内外部知识的共享和利用形成了创新和模仿机制，使品牌在传承中形成了变异。但是在品牌运营过程中不是所有的品牌都能够顺利传承，品牌进化动力机制起到了关键作用，来自企业的外源动力形成的市场选择机制和品牌机遇留下了那些有利于品牌发展的遗传和变异的元素，淘汰了不适应市场的元素，从而促进了品牌进化。如图 4-1 所示：

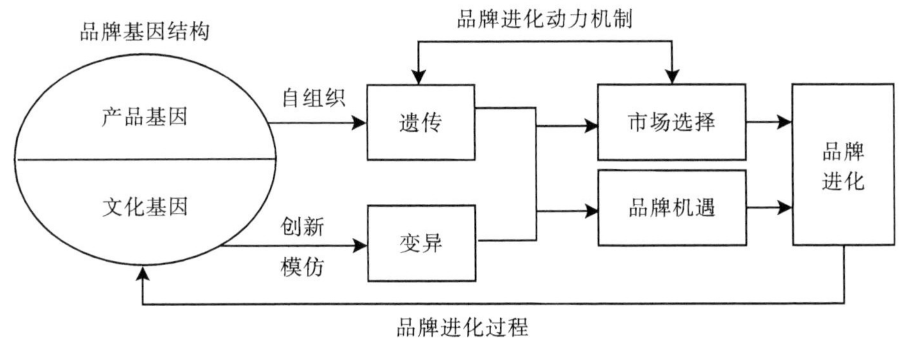

图 4-1 品牌进化动力机制

第三节 品牌进化的动力机制演化

一、品牌进化生命周期

品牌进化的过程是不断利用内外部知识为顾客创造全新体验的过程。著名的营销学家菲利普·科特勒在《营销管理》中提出的产品生命周期理论为品牌进化理论提供了重要的理论基础。每一个品牌都是由弱小逐步成长为强势品牌的，在品牌成长过程中，由于市场的变迁，消费者生活方式、需求的变化，环境的影响，品牌的知名度、美誉度和品牌形象乃至品牌情感在顾客心目中逐渐发生变化，逐步从品牌导入进化到知晓品牌、知名品牌直至品牌退出，市场在不断促生着品牌进步，也在淘汰着落伍的品牌，从而构成了一个系统的品牌进化生命周期。根据国内最早研究品牌生命周期理论的学者潘成云和黄嘉涛等学者的研究结论，从顾客认知视角出发，将品牌进化生命周期划分为四个阶段：品牌导入阶段、品牌认知阶段、品牌美誉阶段和品牌老化阶段（再定位或衰退）阶段。如图 4-2 所示：

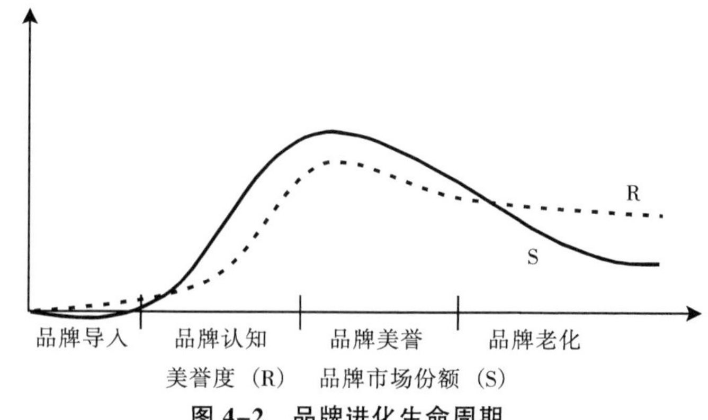

图 4-2 品牌进化生命周期

在品牌进化生命周期图中横坐标表示品牌生命周期的四个阶段：第一阶段是品牌导入阶段，品牌初创时期，知名度和美誉度较低，市场份额较小。第二阶段是品牌认知阶段，这一阶段随着品牌的传播，市场份额迅速扩大，市场知名度和美誉度显著提高。第三阶段是品牌美誉阶段，在这一阶段品牌成为名牌产品，美誉度较高，市场份额较大。第四阶段是品牌老化阶段，随着新的竞争对手的加入，原有品牌逐步被消费者抛弃，市场份额逐步减少。在这一阶段，品牌会走向两个分化：调整策略激活品牌；回生无望退出市场。用纵坐标表示美誉度和品牌市场份额，其中美誉度用 R 表示，市场份额用 S 表示，曲线 R 表示品牌美誉度的变化轨迹，曲线 S 表示品牌市场份额的变化轨迹。在各个品牌进化阶段，外部知识的获取和内部知识的分享利用促进品牌知名度及美誉度的上升，不断缔造着知名品牌的诞生。

二、品牌进化生命周期进化动力

（一）品牌导入阶段的进化动力

在品牌导入阶段，伴随着新产品进入市场，承载着新的功能和对消费者的承诺，品牌的建立随着产品的导入被消费者所认知，品牌理念的设计、品牌形象的打造、众多品牌要素的设计，以及企业依靠自身的技术创新知识和管理构建品牌，形成自组织型动力。同时，在品牌初创时期，外部的顾客、供应商、竞争者、咨询公司的各种技术知识、市场知识被吸纳到企业中，成为品牌设计的支持元素。由于企业的品牌知识网络还处于初等水平，与外部知识源连接的广度和深度都较低，依靠产品市场交易大量的显性品牌知识被引入到企业中，形成市场引导型动力。两种动力相互作用，最终推动品牌逐步进入市场。

（二）品牌认知阶段的进化动力

在产品生命周期处于成长期时，企业核心任务是提升产品知名度，为更多消费者所认知。当品牌处于认知阶段时，产品已经逐步为消费者所熟悉，提升品牌知名度是处于认知阶段的品牌目标，表现为建立顾客口碑，增大广告传播力度，增强顾客记忆。推动品牌在认知阶段进化的动力源来自产品，更多的是企业外源动力。外部知识源为企业逐步建立品牌与顾客的连接点、促进顾客知晓品牌、提升品牌知名度提供帮助，主要表现为来自咨询公司提供的营销策划知识、来自顾客提供的市场知识、来自媒体合作机构提供的市场传播知识等。合作、购买、联盟等方式推动品牌在认知阶段进化。

（三）品牌美誉阶段的进化动力

伴随着顾客对企业品牌认知程度的逐步加深，品牌的影响力逐步加大，知名度逐步升高，一跃从一般品牌跃升为知名品牌。市场表现为消费者不断重复购买，对品牌评价越来越高，老顾客的忠诚度越来越高，新顾客在老顾客的影响下加入到品牌的购买队伍。在此状态下，品牌进化到美誉阶段，一个成熟品牌开始出现。成熟期的品牌进化面对更多来自竞争的压力，其进化动力一方面来自内部，通过不断技术更新，管理制度创新，改进营销服务模式，以此来维护品牌形象，应对市场竞争，保持品牌美誉度；另一方面来自外部，通过合作引入外部机构新技术知识、引入与分享市场知识，成为企业不断进化的重要力量。

（四）品牌老化阶段的进化动力

品牌进化的过程是市场选择的过程，当消费者需求逐步发生变化，新技术不断引入，市场新进入者不断加入，品牌产品的销售量、市场占有率下降，消费者态度转向时，品牌将走向进化的分水岭，通常称为品牌老化阶段。品牌老化是企业品牌进化的必然趋势，品牌进化的目标，一方面是为了适应市场的需求，对品牌更新和再定位，包括研发新产品、重新打造新的品牌形象，建立与消费者互动沟通渠道等，进化到更高一级；另一方面是当产品技术逐步老化，品牌形象难以挽救时，从市场退出成为品牌的最终选择。品牌老化阶段是内外部动力发挥作用的关键阶段，来自企业内部动力对老化品牌的评估和激活，来自外部的市场合作者、政府部门推动老化品牌激活，品牌再定位建立在企业深入市场调研的基础上，获取来自供应商、分销商、竞争对手、大学或科研机构等外部知识网络的专利、技术、设计方案或者新技术，政府政策扶持促进老化品牌再生。

本章小结

品牌进化是企业内外部动力共同作用的结果。回族老字号在长期发展中积累了雄厚的历史文化，成为区域市场的标志性品牌。在品牌生命周期里走过了品牌导入阶段、品牌认知阶段，大多已经进入了品牌美誉阶段，有些已经趋于品牌老化，深入分析回族老字号品牌所处的品牌生命周期和品牌进化的动力机制，可以准确判断品牌状态，以有效利用品牌进化动力机制，推动品牌不断进化。

第五章　量表编制与数据收集

在第四章中，我们应用扎根理论对品牌进化模型进行了探索性研究，提出了品牌进化的路径。为了进一步对品牌进化路径进行系统研究，在本章中，我们将理论模型融入到实际研究中并加以验证，根据调查问卷的统计数据，对量表编制和数据收集的过程进行说明，为实证分析提供数据支持。

第一节　研究的构思

营销学是现代管理理论的重要组成部分，案例研究和实证研究是营销理论研究的主流方法。应用案例研究和实证研究可以更为深入地分析营销概念，探索概念的相关关系和运行机理，对构建营销理论具有重要作用。在完成规范性理论演绎与推理建构概念模型的基础上，本书分别从影响品牌进化的企业内部知识、顾客品牌知识、企业外部知识三个层面进行实证分析，探索基于企业内部知识管理、顾客品牌知识管理和外部知识管理的品牌进化路径及作用机理，并对企业营销绩效的影响进行实证分析。本研究的实证方案以分布在甘宁青地区的回族老字号为研究对象，通过多企业深入访谈，从企业老板、高层管理者、技术人员、服务人员角度了解企业发展现状，探索品牌管理存在的问题，基于此设置回族老字号品牌调研问卷，开展实证研究。

为确保访谈与调查问卷的有效性与可靠性，本研究采取阶段性步骤推进实证研究的开展。

步骤一：研究假设的提出与模型的构建。在文献研究的基础上，品牌进化的目标、路径以及相互之间的作用机理逐步清晰。基于前文扎根理论进行的探索性研究提出研究假设。

步骤二：设计访谈提纲和问卷。访谈是开展研究工作的第一步，包括对相关问题的研究专家的访谈、研究对象企业的访谈、顾客访谈、竞争对手访谈等。编写访谈提纲和问卷，在征求专家意见的基础上不断修改提纲，对研究问卷中的变量关系、测量指标等进行调整，以适合研究的需要。

步骤三：问卷预测试。无论出于什么目的和研究设计，在碰到实际问题时都有差距，因此，在开展大规模调研之前首先要做小样本的预测试，测试问卷问题设计是否合理，语言能否为被调查者所理解或接受，是否取得了预期的调查结果等。就近在宁夏银川市选择回族老字号企业进行初调研，然后拿回来进行分析，对问卷中反映的问题进行修正，以充实调研问卷，并确定最终的问卷。

步骤四：正式调查。鉴于本研究课题涉及甘肃、宁夏、青海等三地的多个城市的回族老字号，因此，首先借助于当地的商务厅、企业网站及熟人网络确定要调研对象企业，调研方法包括两个方面，一方面是企业负责人和高管的深入访谈，另一方面是对企业高管、中层管理人员和部分基层服务人员进行问卷调查，调查中征求了被访者的同意，进行了录音，以便于整理。

步骤五：数据整理和数据分析。针对此次调查问卷，利用统计软件进行样本数据分析，揭示研究变量的相关关系，并进行验证和修正。

第二节　研究样本选择[①]

本书拟选择甘宁青回族老字号作为研究样本，这与品牌进化研究的主题和目标是契合的。甘宁青地区有较为独特的历史与文化，回族老字号作为区域标志性品牌，有清晰的历史传承，至今仍为该地区重要的品牌形象，将其作为研究的对象对于区域经济发展具有重要意义。为更进一步说明回族老字号目前的状况，我们引入生态位理论来说明。

一、品牌生态位测度指标分析

摩尔在 1996 年首次提出商业生态以来，从生态学视角研究品牌、营销的学者越来越多，温克勒在 2000 年提出品牌生态环境概念，引发了众多国内学者对此问题的深入探讨。在品牌生态理论背景下，王兴元、王仕卿、韩福荣、王颖聪等学者对品牌生态位的概念、品牌生态位的测度、品牌生态位的适宜度等问题进行了研究。王兴元认为，“品牌生态位是品牌在市场中所利用市场资源的综合状态，它是品牌生存条件的总集合体”。王仕卿、韩福荣从品牌生态位的影响因素角度定义了品牌生态位。于尔东等认为，品牌生态位反映了企业整合利用市场资源的能力，属于企业生态位的构成部分。品牌生态位是反映企业利用市场资源、评判品牌市场位置的重要概念。品牌生态位研究的目的是促使品牌在一定时间和空间拥有稳定的生存和发展资源，并在进化过程中获得最大生存优势的特定的市场生

① 杨保军. 甘宁青回族老字号品牌生态位特点与发展战略分析［J］. 改革与战略，2013(9)：38-41.

态定位。

对品牌生态位的测度，学术界已有研究，连漪等提出基于品牌生态位宽度和重叠概念角度分析旅游品牌生态位。通过品牌生态位测度指标可以有效地评价品牌目前利用资源的状况以及与相关品牌的竞争关系，从而为品牌发展提供有效的战略规划。品牌生态位是一个多维的概念，通常认为资源、需求、技术、制度、竞争状况等是影响品牌及品牌企业的生态位适宜度的主要要素。资源要素是评价品牌生态位最重要的指标。一个品牌能够利用的资源以及与竞争对手使用资源的重合程度决定了品牌的竞争位置和竞争优势，品牌生态位是最有效的评价指标。那么如何来测度品牌生态位呢？

（一）品牌生态位的宽度（Brand Niche Breadth）

在生态学中，生态位宽度反映了生物对环境需求的程度。品牌生态位宽度指品牌利用各种市场资源的幅度。市场资源通常表示为能够影响企业品牌运营的各种资源，包括顾客资源、供应商资源、企业人力资源、金融资源、媒体资源以及政府资源等，对市场资源占用的多寡显示出品牌竞争力的大小。每个市场资源都对品牌生态位产生影响，就形成了分析品牌生态位的评价维度，称为品牌维度，如顾客满意度或忠诚度、供应商资源的占有率等都可以作为品牌维度。对任一品牌维度 X_i，如图 5-1 所示，将品牌维度 X_i 划分为 n 个分区：X_i^1，X_i^2 ，X_i^3，…，X_i^n：

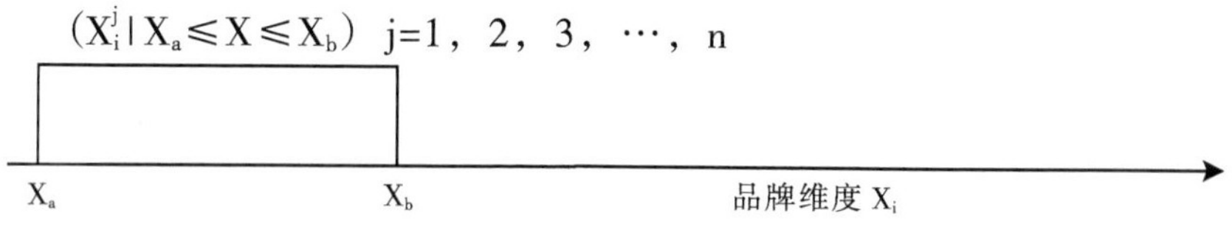

图 5-1 品牌维度

在这里，品牌对市场资源占有程度 X_i^j 即可表示品牌生态位的宽度，其范围是 $X_a \leqslant X \leqslant X_b$，实际上生态位显示出每一个品牌对市场资源需求量的多少。一个企业由于经营规模大，拥有多个产品线且产品线较长，在市场中需要多种市场资源才能满足需要，那么，其生态位宽度就大，反之亦然。我们将品牌生态位较宽的现象称为品牌生态位泛化。品牌生态位泛化使企业品牌与其他同类型品牌为争夺市场形成竞争关系，因此，生态位泛化对品牌能力要求较高，一般情况下多为强势品牌所采用。在竞争市场中，有众多的中小企业，为了获得竞争优势，不可能都采取这种依靠成本领先、大规模投入的方式，它们必须走差异化的路径，在较小的品牌维度里将市场做深做透，实现顾客的深度认同，形成具有较高忠诚度的品牌社群。从资源占用角度看，品牌生态位的宽度减小了，但品牌变得更加专业了，我们将这种现象称为品牌生态位特化。品牌生态位特化的品牌虽然生态位很窄，但在特定的市场中拥有忠诚的市场资源，具有较强的生态适宜度，相对于那些生态位较宽的大众品牌，同样具有较强的竞争能力。生态位的宽度只是衡量品牌利用市场资源保持品牌生存和发展的状态，并不一定说生态位泛化的品牌比生态位特化的品牌竞争优势强，在评价品牌专业化程度时，可以利用生态位宽度说明。

（二）品牌生态位重叠（Brand Niche Overlap）

生态学认为，当两个物种利用同一资源或共同占有某一资源因素时，就会出现生态位重叠现象（Niche Overlap），在这种情况下，就会有一部分空间为两个生态位所共占，从而形成了竞争状态。生态位重叠是两个物种间发生竞争的前提条件。在竞争市场中，两个同类型的品牌为了获得市场资源形成竞争优势，从而对一部分或全部的市场资源共同利用，从而形成品牌生态位重叠，也就是说品牌在市场中所处的位置和所利用的市场资源存在交集的状态。当两个品牌利用同一市场顾客资源或共同占有环境变量时，就会出现品牌生态位重叠现象。品牌生态位重叠度是评价品牌竞争程度的重要指标。我们利用品牌维度图 5-2 表示。

在图 5-2 中，横轴表示品牌维度 X_i，纵轴表示顾客满意分布密度 Q_j，表示品牌运营时顾客满意的分布密度，品牌 A 的生态位宽度为 X_a~X_b，品牌 B 的生态位宽度为 X_c~X_d，阴影部分 X_b~X_c 即为品牌生态位重叠区。显然，品牌 A 与品牌 B 为了获得市场资源，需要共同利用同一市场资源，二

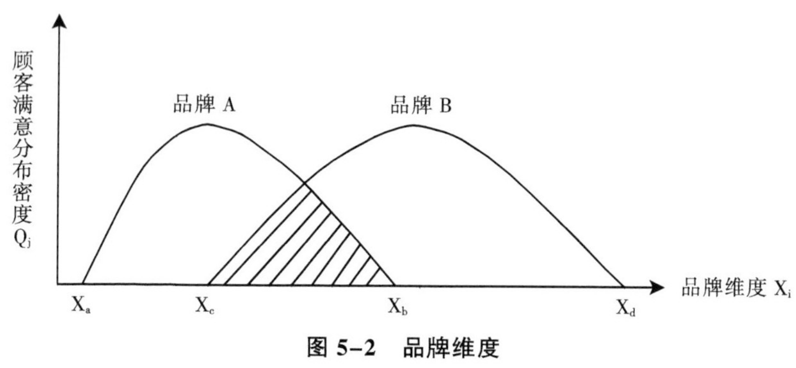

图 5-2　品牌维度

者构成竞争，两个或多个品牌竞争的激烈程度要看它们生态需求的资源相似程度。品牌竞争与产品竞争不一样，看似相互竞争的同类产品可能因为品牌生态位不重叠或者重叠程度很小而不会产生激烈的品牌竞争。如耐克和双星属于不同档次的产品，各自的市场定位不同，从而不存在激烈的市场竞争。品牌生态位重叠度越大，品牌之间的竞争就越激烈，因为重叠度越大，相互替代的可能性也越大。完全重叠的品牌生态位是没有的，每个品牌总是通过差异化定位和其他品牌有所区别，这使市场形成分化，处在主流市场的总是一些竞争能力非常强大的优势品牌，它们构成数一数二的市场领先者或者市场挑战者，相互竞争异常激烈；寻求差异特色的品牌立足利基市场，选择追随战略或者市场补缺战略，与主流市场的品牌生态位重叠比较少，以获得较高的资本报酬率。

二、甘宁青回族老字号品牌生态位特点

据初步统计，甘宁青目前共有回族老字号企业 20 余家，其中，国家商务部公示认定的“中华老字号”只有敬义泰、马子禄牛肉面 2 家。这些老字号企业中，有一些是百年老店，如敬义泰已经有 150 年的历史。甘宁青回族老字号企业主要分布在食品加工、餐饮、商贸服务等行业，这与回族崇尚商业有密切关系。回族老字号具有深厚的历史文化底蕴，历史品牌联想丰富，在老顾客中享有较高知名度、品质认可度和美誉度，本书以调研

的 14 家回族老字号为例分析其品牌生态位的特点。

（一）甘宁青回族老字号品牌生态位的宽度分析

在甘宁青地区，回族人口比例较高，在商贸往来、消费应酬过程中自然产生了对餐饮、食品方面的独特需求，回族老字号是针对特定消费人群而建立起来的企业。从调查的甘宁青回族老字号情况看，主要的经营业态是餐饮零售、食品生产企业。用企业的顾客资源、企业的空间利用情况两个指标评价甘宁青回族老字号的生态位宽度。从顾客资源角度，回族老字号企业的早期顾客主要是周围的回族群众，随着产品和服务逐步受到消费者的喜爱，口碑效应逐步从周边的消费者向更远的消费者传递，众多忠诚的消费者形成品牌社群。顾客从回族消费者逐渐向其他民族消费者扩大意味着回族老字号的生态位宽度增加。许多回族老字号凭借独特的秘方起家，逐步成为区域标志性品牌，吸引了众多的顾客，从一个特化品牌向泛化品牌转变。从空间利用情况看，回族老字号原来局限于一定范围内经营，在顾客资源饱和的情况下，许多回族老字号企业偏安一隅，成为一定市场空间内的专业企业。也有一部分回族老字号依靠经营秘诀和周到的服务受到顾客的追捧，由于口碑影响，原有的生态位空间逐步被突破，生态位宽度扩大，企业成为泛化品牌。大多数企业的发展实际上是生态位宽度扩大的过程，依靠积累的资源逐步实现经营多元化或者发展连锁经营实现企业的扩张，使原来狭窄的生态位逐步变宽。但是，过宽的生态位使企业进入了竞争激烈的生态环境，而一些坚守传统秘方经营的企业，由于缺乏创新，逐步失去了原有的顾客资源而使生态位变得狭窄，经营逐步萎缩。生态位宽度可以形象地表达企业经营状况。

（二）甘宁青回族老字号品牌生态位的重叠度分析

生态位的重叠程度可以显著地反映企业的竞争程度。我们以回族老字号相对集中的餐饮行业为例来分析。餐饮业是发展非常迅速的行业，据《中国餐饮产业发展报告（2012）》分析，我国餐饮业收入连续 20 年以 20%左右的速度增长，是国内发展最快的行业。2010 年全国餐饮行业收入达到 17648 亿元，2011 年实现餐饮收入 20635 亿元，同比增长 16.9%，占社会消费品零售总额的比重为11.2%。在快速增长的产业背后，是激烈的市场竞争。整个行业集中度低，火锅、正餐、快餐等多种餐饮业态竞争激烈，加上国外洋品牌的进入，更加剧了行业的竞争，而食品原材料价格上涨以及人工成本和房租急剧上升，逐步使行业呈现微利状态。餐饮业回族老字号正是在这样的经营环境中生存。从生态位重叠视角来分析，我们以β表示生态位的重叠度，回族老字号与其他餐饮企业的生态位呈现以下三种状态，如图5-3所示。

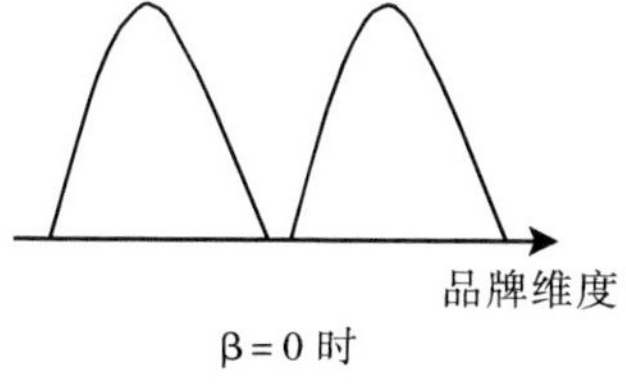

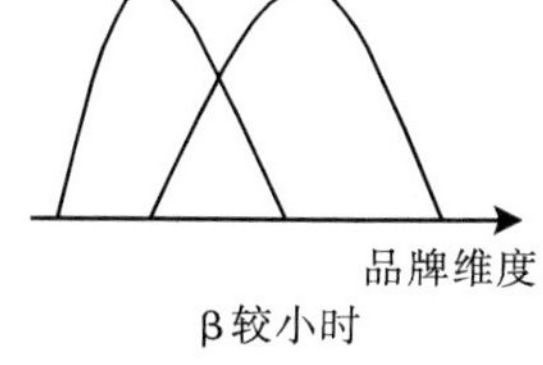

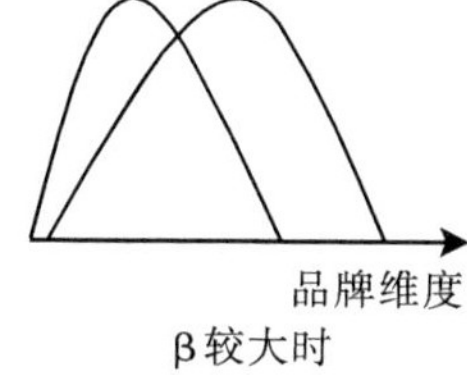

图5-3　品牌生态位重叠

在图5-3中，当品牌生态位重叠度β=0时，意味着回族老字号与其他的竞争对手在各自的生态空间中生存，彼此的顾客资源没有交叉，相互不发生竞争。回族老字号对于回族消费者来说，汉族餐厅没有重叠，视为无竞争状态。当生态位重叠度β较小时，意味着回族老字号与竞争对手有共同的消费者，有较小的竞争关系。在甘宁青区域市场中，一部分汉族消费者选择回族老字号，这与汉族餐厅构成了一定程度的竞争关系，当然，这种竞争关系比较弱。当生态位重叠度β较大时，品牌生态位重叠度较高，目前回族老字号与区域内大多数餐饮企业生态位相似，生态位重叠度β较大，相互之间构成较强的竞争关系。以甘宁青地区回族老字号较多的银川市为例，2010年，银川市清真餐饮业实现营业收入19.8亿元，区内有3630多家清真饭店，规模以上的清真餐饮企业150多家。其中，30年以上的回族老字号企业15家，回族老字号与其他餐饮企业品牌生态位重叠度大，原有以区域化为主的市场格局逐步被打破，构成典型的竞争关系。

三、甘宁青回族老字号调查样本选择

从博弈论角度看，品牌生态位的宽度与重叠度是品牌之间相互博弈的结果，每个品牌的生态位空间是各个品牌竞争策略优化的结果。因此，慎重选择样本对了解回族老字号企业发展现状，研究品牌进化路径具有重要意义。为此，基于以上分析，调研坚持选择标准如下：

（1）在地区选择上，注重重点地区、重点城市的回族老字号。甘宁青地区的老字号大多起源于民国时期，由于历史上经济发展比较落后，经济中心主要集中在省会城市、重要的交通枢纽，因此，回族老字号集中分布在此地。如甘肃省的兰州市、平凉市、临夏市，青海的西宁市，宁夏回族自治区的银川市、吴忠市、固原市等地。

（2）在行业选择上，对回族老字号分布集中的产业作为重点调研对象。在甘宁青地区，回族老字号主要集中在餐饮、食品、商贸服务领域，行业进入门槛比较低，分布着大量本土品牌和新加入的竞争者，由于回族老字号是适应于地方经济发展的具有较高知名度和美誉度的品牌，具有稳定的品牌生态位，因此，调研样本选择以上产业可以获得有代表性的调研数据。

（3）在企业选择上，重点调研一些有代表性的、历史较长的回族老字号，可以深入挖掘回族老字号品牌进化的路径。敬义泰是宁夏唯一获得中华老字号的食品企业，已经有150年的历史，主要经营食品、糕点等，在区域市场具有较大的影响力，近年来，企业通过并购、投资等方式，涉足餐饮、服装、物流等行业，实现了品牌多元化，生态位的泛化使企业在竞争中获得多渠道的市场资源，但对品牌管理能力要求较高。一个生态位过宽的品牌系统也是一种不稳定的系统，需要较高的品牌运作能力。同时通过品牌专业化战略，压缩品牌生态位宽度，实现品牌生态位特化。马子禄牛肉面是甘肃一家中华老字号企业，以牛肉面起家，多年来企业坚持不开分店，专做牛肉面，企业声誉和影响力远播海内外，成为甘肃兰州的标志性品牌。对于回族老字号来说，这两种策略各有千秋，充分利用独特的区域和民族资源实现品牌进化，样本具有典型意义。

（4）调研样本从品牌生态位重叠度入手，通过分析竞争态势了解回族老字号品牌竞争状态。处于同一生境的两个物种生态位会发生重叠，相互之间为争夺资源产生竞争，最终的胜利者是竞争能力强的一方。在竞争市场中，生态位完全重叠的两个企业为争夺相同的顾客资源激烈竞争，相互合作的可能性很小。回族老字号由于发展历史、经营定位的因素不可能与竞争对手有完全相同的品牌生态位，但存在生态位重叠，尤其是在餐饮、食品加工、商贸服务行业，品牌生态位重叠度很高。在选择调查样本时，重点关注市场中主要竞争对手的竞争走向，尽量提高回族老字号与强势品牌的生态位重叠度，以便充分分析回族老字号品牌竞争现状，对探索企业品牌进化具有较大的帮助。

第三节　问卷设计与调研

一、问卷设计的内容

一份好的问卷必须能够吸引调查对象的参与，并激发他们完成答卷的兴趣，好的问卷对实证研究来说具有重要意义。本研究问卷围绕“甘宁青地区回族老字号品牌进化的路径与绩效”的理论模型设计，问卷的测度问题与量表设计都围绕着研究假设设计，希望通过问卷了解甘宁青地区回族老字号企业品牌进化的路径，获得预期的研究数据和结论。根据实证研究的目的和思路，调查问卷主要包括以下几个方面的内容：

第一，被调查者基本信息。对回族老字号企业内被调查者信息进行了解。包括性别、民族、年龄、学历、职位、所在企业成立的年限、在公司工作的年限、公司规模等信息。

第二，影响品牌进化的知识。包括企业内部知识、顾客品牌知识、外部知识等信息。

第三，品牌进化信息。包括对企业内部知识、顾客品牌知识、外部知识的管理等信息。

第四，品牌绩效状况。了解基于知识的品牌进化路径与取得的品牌绩效之间的关系的信息。

二、问卷设计有效性及可靠性保障

一份规范的问卷体现了调查者理论设计的思路，因此在问卷格式、题项设计、问卷措辞、题项顺序、形式和布局方面都有一定的原则。一般问卷遇到的问题往往是问题学术化气息浓厚，语言晦涩难懂，调查对象缺乏有关知识。不理解调查者问卷的目的导致问卷质量不高，没有获得被调查者真实的想法，就是一次失败的问卷调查。因此，为保证问卷设计的有效性和可靠性，关键在于测量的题项为被调查者真正理解，将该问的问题问好，使问卷具有较高的可信度。

本研究采取李克特（Likert）五级量表以保证问卷设计的有效性和可靠性。评分量表从“完全不符合”到“十分符合”五个反应类型，每个陈述都被分配了数字分值，从 1 到 5，分析可以逐项进行或者对项目加和计算每一位调查对象的总评分。为了保证本研究问卷设计的有效性和可靠性，我们采取了以下措施：

第一，问卷参考了相关研究文献，并经部分被调查者预测试，对一些晦涩难懂、学术化的语言进行了翻译，尽可能使用通俗易懂的词汇，避免诱导性或倾向性的提问，使问卷更容易理解，措辞更接近被调查者的理解和知识水平，避免表述不清的问题出现。

第二，问卷采取的是结构化问题。本调查针对的是回族老字号企业对品牌管理和品牌发展方面的问题，调查对象既包括高层管理人员，也包括基层的工作人员，水平参差不一，结构化问题设计了不同陈述反应类型，有利于被调查者迅速理解问题并作答。

第三，为了使被调查者能够逐步理解问卷内容，在确定问题的顺序时首先设计开头说明语：

“尊敬的先生/女士您好：非常感谢您能在百忙之中抽出宝贵的时间来接受我们的市场问卷调查，我们是‘甘宁青回族老字号品牌研究’项目组，需要做一项回族老字号企业品牌管理的市场调查来进行学术研究，您的所有回答只用于数据分析，我们将严格保密，谢谢您的配合!”

既说明了调研的目的，强调用于学术研究，又避免被调查者怕涉及商业机密而不愿作答的困境。问题顺序也是先易后难，对判断性的问题如“品牌绩效”问题，根据逻辑顺序安排在后面，以减少被调查者受题项分组及分布影响形成因果关系的暗示。

三、预调查

为了使问卷调查工作更加有效，首先进行预调查，以识别并消除可能存在的问题。预调查分为两个方面，一是对被调查企业进行深度访谈，对问卷中的问题进行筛检，确定哪些问题是必要的问题，哪些问题是被调查者不愿意回答的问题。为此，选择了宁夏敬义泰集团公司、吴忠民族饭庄、银川迎宾楼三家老字号进行访谈，并在此基础上修改部分题项。二是选择小样本进行预调查，在对三家公司进行访谈的基础上，研究者对三家公司的高层管理人员、中层管理人员和部分相关的工作人员发放了近60份答卷，征求被调查者的意见，并对题项和题项措辞进行了修改和完善。

四、问卷正式调查

由于此次研究涉及甘肃、宁夏、青海三省的回族老字号企业，研究者耗费较多时间，走遍了三省回族老字号分布的主要城市，通过对被调研企业的深入访谈和问卷调查，对甘宁青地区回族老字号企业管理和品牌发展情况有了较为细致的了解。

由于地处西北民族地区，经济欠发达，人们的观念和意识还较为落后，对于大多数回族老字号企业来说，认为做好企业就可以了，对于研究者提出的调查要求，有些认为可能泄露商业秘密，有些认为不能给企业带来什么利益，太麻烦。首先，研究者通过工商部门、商务部门开介绍信，熟人介绍，学生联系，致电致函联系等方式，将甘宁青地区有一定知名度的14家企业列为重点调研对象，发放了230份问卷，回收219份；其次，委托临夏工商局、张家川旅游局的两位校友，向本地回族老字号企业发放问卷，分别回收12份和9份；最后，有些地区研究者没有联系到相关企业，发动本地学生开展调查，委托家在甘肃武威、白银，青海格尔木、西宁，宁夏固原的学生，根据自己对本地老字号熟识情况发放问卷。其中甘肃同学回收17份，青海同学回收16份，宁夏同学回收8份，这部分问卷起到了拾遗补阙的作用。综合看，从2013年6月开始的调查，持续到2014年9月完成，共计回收问卷281份，剔除有过多缺项的问卷、明显填写不认真的问卷、填写前后矛盾的问卷，最后得到有效问卷239份，有效率为85%。

第四节　量表编制

在营销实证研究中，通过变量测度项测量企业员工、消费者等调查对象的感受、态度、偏好或其他相关的特性，以探索变量之间的关系。态度包括认知、意向和情感等成分，是外在刺激和个体反应之间的中介变量，利用量表可以系统地测量企业员工或消费者的态度，因此，量表编制对准确反映消费者态度具有重要意义。

一、变量测度1：知识管理

知识管理是影响品牌进化的关键要素，包括顾客品牌知识管理、企业内部知识管理、外部知识管理，通过知识管理的测度，可以从企业角度分析知识管理对品牌进化过程的影响。

（一）顾客品牌知识管理的测度

顾客品牌知识管理是影响品牌进化的重要因素。对顾客品牌知识管理测度的关键点应包括顾客的产品知识、顾客的消费知识与经验、顾客的品牌形象知识管理三个方面，在此基础上测度顾客品牌知识管理与品牌进化之间的关系。对顾客品牌知识管理方面的问题条目主要参考了于伟、王兴元（2008），廖成林、柳茂森（2011）等的研究成果，如表 5-1 所示。

表 5-1 顾客品牌知识管理测度题项

序号	题　　项	测度依据
A_1	顾客所具备的产品知识对回族老字号品牌进化的影响比较大	于伟、王兴元（2008） 廖成林、柳茂森（2011）
A_2	顾客所具备的产品质量知识对回族老字号品牌进化的影响比较大	
A_3	顾客掌握的产品制造工艺技术知识影响回族老字号品牌进化	
A_4	顾客所具备的消费经验对回族老字号品牌进化的影响比较大	
A_5	顾客所具备的个性化知识对回族老字号品牌进化的影响比较大	
A_6	顾客的清真食品专门知识对回族老字号品牌进化的影响比较大	
A_7	顾客对餐饮企业形象认知显著影响回族老字号品牌进化	
A_8	顾客对品牌服务知识的了解对回族老字号品牌进化的影响比较大	
A_9	顾客的地方饮食文化专门知识对回族老字号品牌进化影响比较大	
A_{10}	顾客口碑对回族老字号品牌进化的影响比较大	
A_{11}	顾客对品牌来源地知识的了解显著影响回族老字号的品牌进化	
A_{12}	品牌在消费市场的知名度对回族老字号品牌进化的影响比较大	
A_{13}	品牌在消费市场的良好信誉对回族老字号品牌进化的影响比较大	
A_{14}	顾客的面子消费对回族老字号品牌进化的影响比较大	

（二）企业内部知识管理的测度

在知识经济时代，知识是企业获取核心竞争力的重要来源，拥有知识的多少决定了企业竞争优势的强弱。与企业有形资产相比，知识属性决定了企业的个性和特征，形成了差异化优势和核心竞争力。根据企业内部知识的性质，我们将企业内部知识划分为三类：技术知识、文化知识和管理知识。三者与企业品牌进化有密切的关系，通过测度企业内部知识管理来探索其与品牌进化的关系。企业内部知识管理测试的题目参考了马鹤丹（2011），李柏洲、周森（2012）等学者的文献，如表 5-2 所示。

表 5-2 企业内部知识管理的测度题项

序号	题 项	测度依据
B_1	企业员工拥有共同的经营理念和价值观对回族老字号品牌进化有较大影响	马鹤丹（2011） 李柏洲、周森（2012）
B_2	企业员工拥有共同的工作语言对回族老字号品牌进化有较大影响	
B_3	企业员工技术水平对回族老字号品牌进化有较大影响	
B_4	企业员工工作经验对回族老字号品牌进化有较大影响	
B_5	企业员工培训对回族老字号品牌进化有较大影响	
B_6	企业管理制度对回族老字号品牌进化有较大影响	
B_7	企业管理人员的知识和经验对回族老字号品牌进化有较大影响	
B_8	企业高层前瞻性知识对回族老字号品牌进化有较大影响	
B_9	企业专利、商业机密和秘方对回族老字号品牌进化有较大影响	
B_{10}	独特的企业文化对回族老字号品牌进化有较大影响	
B_{11}	企业内部图书信息资讯对回族老字号品牌进化有较大影响	
B_{12}	企业员工内部知识交流对回族老字号品牌进化有较大影响	

（三）企业外部知识管理的测度

在企业与外部交流过程中，外部知识不断流入促进企业知识共享和品牌的进化。竞争性外部知识来自于市场中的同行和供应商，而伙伴型外部知识则来自于与企业合作的外部专家、高校、科研院所以及网络知识等。根据 Bapuji（2011）、Miller（2004）、李柏洲和周森（2012）等对外部知识的研究形成了本研究的外部知识管理测度题目，如表 5-3 所示。

表 5-3 企业外部知识管理测度题项

序号	题 项	测度依据
C_1	同行的产品技术知识对回族老字号品牌进化有较大影响	Bapuji（2011） Miller（2004） 李柏洲和周森（2012）
C_2	同行的管理经验对回族老字号品牌进化有较大影响	
C_3	同行的营销经验对回族老字号品牌进化有较大影响	
C_4	同行之间交流学习对回族老字号品牌进化有较大影响	
C_5	供应商的交流学习对回族老字号品牌进化有较大影响	
C_6	外部专家合作伙伴的知识交流对回族老字号品牌进化有较大影响	
C_7	高校、科研院所的知识交流对回族老字号品牌进化有较大影响	
C_8	网络知识对回族老字号品牌进化有较大影响	

二、变量测度 2：品牌进化

品牌进化是一个获取外部知识和顾客品牌知识、共享内部知识的管理过程。在这一动态变化中，企业通过对来自同行、合作伙伴、供应商、科研院所等机构的外部知识进行管理，促进品牌不断成长；对来自顾客的显性品牌知识、隐性知识进行管理以推动品牌发展。对内部知识的分享、管理促使企业吸收外部知识、顾客知识促进品牌的发展。由此，品牌进化成为外部知识、顾客品牌知识、内部知识获取利用的中间变量，只有通过企业品牌进化才能实现经营绩效的提升。本书参考了王海花和谢富纪（2012）、吴泗宗和贾文玉（2006）、张红琪等（2013）的研究，测量题目如表 5-4 所示。

表 5-4 品牌进化测度题项

序号	题 项	测度依据
X_1	公司善于利用同行经验来提升品牌管理能力	王海花、谢富纪（2012） 吴泗宗、贾文玉（2006） 张红琪、鲁若愚、蒋洋（2013）
X_2	公司通过员工与同行交流能够敏锐发现新的市场机会	
X_3	公司经常派员工外出考察或参加培训以学习先进品牌管理经验	
X_4	公司善于与外部专家、合作伙伴交流分享经验提升战略管理能力	
X_5	公司善于利用网络知识提高品牌战略管理能力	
X_6	公司善于与顾客交流分享品牌知识和经验提升战略管理能力	
X_7	公司部门内部或者部门之间经常召开会议交流品牌知识	
X_8	公司经常鼓励员工相互交流学习不同的思想与观念	
X_9	公司鼓励经验丰富的老员工对新员工进行培训和指导	
X_{10}	公司将已吸收的品牌知识与已有知识融合的速度很快	
X_{11}	公司善于保存各种顾客购物体验、感受等资料	
X_{12}	公司善于对外部专家资料、网络信息进行归类和整理	
X_{13}	公司善于建设顾客数据库以促进品牌营销	
X_{14}	公司善于从销售、生产或研发等核心部门收集品牌信息	
X_{15}	公司善于将顾客的品牌知识和意见反映在新产品开发上	
X_{16}	公司善于将顾客的品牌知识和意见反映在新服务开发上	
X_{17}	公司善于将顾客的品牌知识和意见反映在品牌推广上	
X_{18}	公司善于将顾客的品牌知识和意见反映在品牌形象改进上	

三、变量测度 3：品牌绩效

品牌绩效是品牌在进化管理下通过内部知识、顾客品牌知识、外部知识的获取、吸收利用，所获得的财务收益和市场收益。从知识管理的角度看，品牌通过对知识的利用共享，形成品牌进化，表现在市场中就是市场份额的提升、销售收入的增加和盈利能力的增强。从顾客角度看企业品牌的进化绩效表现为知名度、美誉度的提高，顾客口碑不断提升。综合周飞、沙振权、钱锡红等， Lumpkin G. T.、Dess 等学者的研究，对品牌绩效我们从两个方面来衡量，从财务角度说，品牌绩效包括销售收入、盈利能力两个指标；从市场角度看，可以用市场份额、顾客口碑、品牌知名度和美誉度等指标集中反映品牌通过进化在市场中取得的绩效。如表 5-5 所示。

表 5-5　品牌绩效的测度题项

序号	题　　项	测度依据
Y_1	通过品牌进化管理公司品牌市场份额比较大	周飞、沙振权（2012） 钱锡红、杨永福 、徐万里（2010） Lumpkin G. T.、Dess（2001）
Y_2	通过品牌进化管理公司品牌销售收入增长比较快	
Y_3	通过品牌进化管理公司品牌盈利能力比较强	
Y_4	通过品牌进化管理公司品牌知名度比较高	
Y_5	通过品牌进化管理公司的品牌美誉度比较高	
Y_6	通过品牌进化管理公司的顾客口碑比较高	

第五节　数据整理

一、样本描述统计

研究样本企业以甘宁青地区的回族老字号企业为对象，在问卷调查过程中注重选择回族老字号企业。从企业成立年限看，本次调研样本企业主要为成立时间20年以上的企业。从企业规模看，有效样本所反映的回族老字号企业主要还是以中小企业为主，员工在100人以下的企业达到56.1%，301人以上的企业仅仅占7.9%，如图5-4所示：

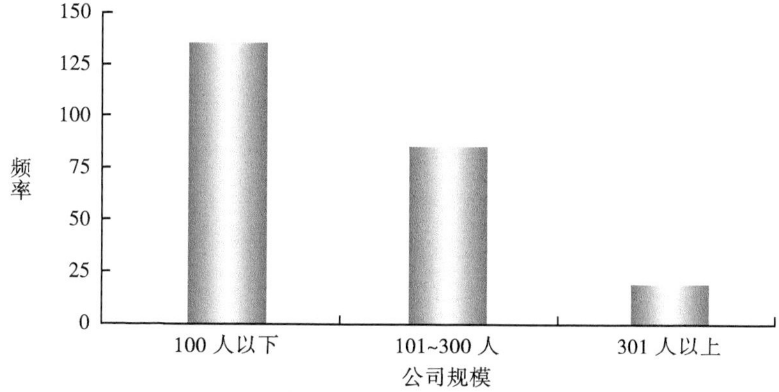

图5-4 有效样本企业的规模分布状况

对被调查者的描述统计主要包括性别、民族、年龄、职位、工作年限等信息。从被调查者性别看，男性和女性比例相当，分别为51.9%和47.7%，缺失值为1。从民族看，被调查者回族占58.6%，汉族占32.6，具有较强的民族代表性。从年龄看，30岁以下的年轻人居多，占57.3%，如图5-5所示：

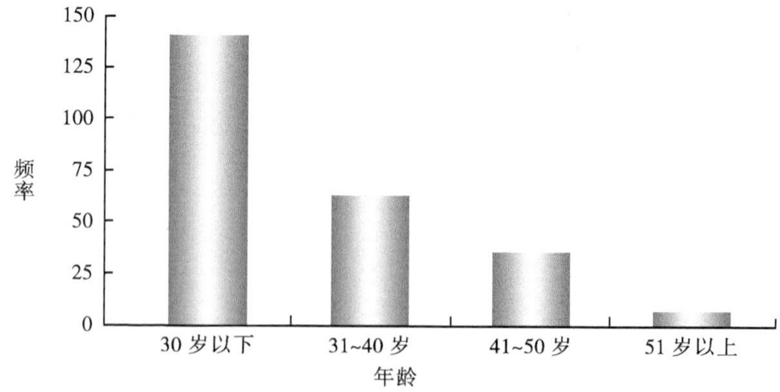

图5-5 有效样本的年龄分布状况

从学历结构来看，高中或专科的被调查者比例较高，占 81.1%，大学及大学以上的被调查者比例仅为 18.9%，反映出回族老字号企业员工的学历水平整体偏低，如图 5-6 所示。

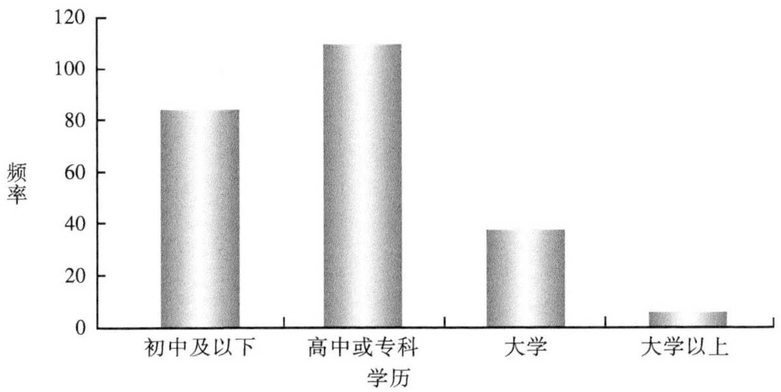

图 5-6　有效样本的学历结构

从被调查者职位结构看，基层管理人员及普通员工占 59%，中层管理者和高层管理者分别占 25.5%和 14.6%，如表 5-6 所示。

表 5-6　被调查者职位结构

职位	频率	百分比（%）	有效百分比（%）	累计百分比（%）
普通员工	96	40.2	40.5	40.5
基层管理	45	18.8	19.0	59.5
中层管理	61	25.5	25.7	85.2
高层管理	35	14.6	14.8	100.0

二、变量分布属性

为有效说明观测变量的分布特征，本研究分别用极大值、极小值、均值、标准差以及偏度和峰度等指标分析样本分布特征，观测变量显示，变量极大值和极小值分别为 1 和 5，峰度的绝对值多数小于 1，远远小于 3，比较符合正态分布，可以满足结构方程 AMOS 软件的测量数据要求，样本如表 5-7 所示。

表 5-7 测量变量描述统计量与分布特征

测量变量代码	N	极小值	极大值	均值		标准差	偏度		峰度	
	统计量	统计量	统计量	统计量	标准误	统计量	统计量	标准误	统计量	标准误
A_1	239	1.00	5.00	3.7782	0.06007	0.92865	-0.782	0.157	0.651	0.314
A_2	239	1.00	5.00	3.8619	0.05663	0.87554	-0.750	0.157	0.602	0.314
A_3	239	1.00	5.00	3.6192	0.06139	0.94902	-0.600	0.157	0.114	0.314
A_4	239	1.00	5.00	3.7950	0.05794	0.89573	-0.716	0.157	0.367	0.314
A_5	239	1.00	5.00	3.5858	0.06191	0.95704	-0.334	0.157	-0.095	0.314
A_6	239	1.00	5.00	4.0335	0.05299	0.81923	-0.848	0.157	1.034	0.314
A_7	239	1.00	5.00	3.9372	0.05871	0.90762	-0.556	0.157	-0.297	0.314
A_8	239	1.00	5.00	3.8201	0.05157	0.79722	-0.669	0.157	1.056	0.314
A_9	239	1.00	5.00	3.8745	0.05933	0.91724	-0.769	0.157	0.509	0.314
A_{10}	239	1.00	5.00	4.1172	0.05760	0.89047	-1.096	0.157	1.389	0.314
A_{11}	239	1.00	5.00	3.7364	0.06168	0.95353	-0.506	0.157	-0.242	0.314
A_{12}	239	1.00	5.00	3.8870	0.05779	0.89337	-0.703	0.157	0.242	0.314
A_{13}	239	1.00	5.00	4.0669	0.05450	0.84249	-1.063	0.157	1.389	0.314
A_{14}	239	1.00	5.00	3.5356	0.06959	1.07580	-0.399	0.157	-0.434	0.314
B_1	239	1.00	5.00	3.8452	0.05054	0.78127	-0.574	0.157	0.778	0.314
B_2	239	1.00	5.00	3.7908	0.06040	0.93382	-0.601	0.157	0.126	0.314
B_3	239	1.00	5.00	3.9414	0.05486	0.84808	-0.847	0.157	1.026	0.314
B_4	239	1.00	5.00	3.9163	0.05693	0.88005	-0.582	0.157	-0.086	0.314
B_5	239	1.00	5.00	3.9749	0.05367	0.82972	-0.799	0.157	1.076	0.314
B_6	239	1.00	5.00	4.0167	0.05530	0.85487	-0.927	0.157	1.148	0.314
B_7	239	1.00	5.00	4.0084	0.05303	0.81988	-0.615	0.157	0.229	0.314
B_8	239	1.00	5.00	3.8954	0.05600	0.86575	-0.697	0.157	0.403	0.314
B_9	239	1.00	5.00	3.9038	0.05882	0.90930	-0.687	0.157	0.120	0.314
B_{10}	239	1.00	5.00	3.9833	0.05809	0.89802	-0.950	0.157	1.181	0.314
B_{11}	239	1.00	5.00	3.7364	0.05816	0.89910	-0.644	0.157	0.359	0.314
B_{12}	239	1.00	5.00	3.8326	0.05520	0.85333	-0.531	0.157	0.201	0.314
C_1	239	1.00	5.00	3.7280	0.05800	0.89659	-0.635	0.157	0.357	0.314
C_2	239	1.00	5.00	3.8745	0.05629	0.87022	-1.065	0.157	1.738	0.314
C_3	239	1.00	5.00	3.8201	0.05676	0.87751	-0.619	0.157	0.364	0.314
C_4	239	1.00	5.00	3.8828	0.05510	0.85189	-0.678	0.157	0.458	0.314
C_5	239	1.00	5.00	3.7406	0.05987	0.92563	-0.551	0.157	0.094	0.314
C_6	239	1.00	5.00	3.7992	0.05662	0.87534	-0.393	0.157	-0.297	0.314
C_7	239	1.00	5.00	3.8075	0.05797	0.89618	-0.494	0.157	0.065	0.314
C_8	239	1.00	5.00	3.8368	0.06200	0.95846	-0.563	0.157	-0.191	0.314

续表

测量变量代码	N	极小值	极大值	均值		标准差	偏度		峰度	
	统计量	统计量	统计量	统计量	标准误	统计量	统计量	标准误	统计量	标准误
X_1	239	1.00	5.00	3.7908	0.05618	0.86854	−0.900	0.157	0.793	0.314
X_2	239	1.00	5.00	3.8787	0.05617	0.86840	−0.655	0.157	0.310	0.314
X_3	239	1.00	5.00	3.7866	0.06277	0.97040	−0.506	0.157	−0.433	0.314
X_4	239	1.00	5.00	3.8368	0.06477	1.00134	−0.705	0.157	0.003	0.314
X_5	239	1.00	5.00	3.7531	0.05756	0.88980	−0.396	0.157	−0.342	0.314
X_6	239	1.00	5.00	3.9707	0.05217	0.80647	−0.868	0.157	1.460	0.314
X_7	239	1.00	5.00	3.9163	0.05934	0.91745	−0.623	0.157	−0.194	0.314
X_8	239	1.00	5.00	4.0167	0.05434	0.84000	−0.718	0.157	0.549	0.314
X_9	239	1.00	5.00	4.0711	0.05431	0.83964	−0.951	0.157	1.103	0.314
X_{10}	239	1.00	5.00	3.9163	0.05723	0.88481	−0.533	0.157	−0.205	0.314
X_{11}	239	1.00	5.00	3.8787	0.06212	0.96031	−0.673	0.157	0.079	0.314
X_{12}	239	1.00	5.00	3.8410	0.06133	0.94815	−0.721	0.157	0.220	0.314
X_{13}	239	1.00	5.00	3.7448	0.06068	0.93806	−0.763	0.157	0.514	0.314
X_{14}	239	1.00	5.00	3.8870	0.05988	0.92571	−0.671	0.157	0.005	0.314
X_{15}	239	1.00	5.00	3.9498	0.05647	0.87303	−0.628	0.157	0.192	0.314
X_{16}	239	1.00	5.00	3.9749	0.05716	0.88367	−0.835	0.157	0.549	0.314
X_{17}	239	2.00	5.00	3.9331	0.05450	0.84249	−0.425	0.157	−0.426	0.314
X_{18}	239	1.00	5.00	3.9498	0.05921	0.91532	−0.828	0.157	0.638	0.314
Y_1	239	1.00	5.00	3.6987	0.05375	0.83089	−0.628	0.157	0.580	0.314
Y_2	239	1.00	5.00	3.7950	0.05514	0.85247	−0.455	0.157	−0.098	0.314
Y_3	239	1.00	5.00	3.9205	0.05426	0.83889	−0.624	0.157	0.224	0.314
Y_4	239	1.00	5.00	4.0251	0.05201	0.80401	−0.633	0.157	0.357	0.314
Y_5	239	1.00	5.00	4.0293	0.05575	0.86188	−1.089	0.157	2.048	0.314
Y_6	239	1.00	5.00	4.0879	0.05256	0.81260	−0.873	0.157	1.098	0.314

在原始数据基础上，本书已进行了数据的整理、筛选和初步统计，符合样本数据的要求，为进一步的信度与效度分析和结构方程模型分析奠定了数据基础。

本章小结

在自然科学中，应用测量数据进行系统的观测和实验可以检验概念和科学理论，得到可以验证的、可重复的实验结论，成为自然科学界重要的研究方法。管理学界的研究从一开始就从实证和实验推导结论。“科学管理之父”泰勒的秒表实验、搬运生铁实验，梅奥研究团队的霍桑实验都是从实证研究开始，推导管理概念，进行抽象的理论建构，形成了今天的管理学。早期中国管理学的研究主要应用定性研究方法，从逻辑推导建构理论，在规范性和严谨性上有所欠缺。伴随着中国改革开放，一大批在西方留学的学者回国，将西方主流的实证研究方法引入中国，迅速在管理学界形成了实证研究的热潮。实证研究的前提是严谨的数据基础，通过严格的样本筛选和观察、访谈和问卷调查，获取客观科学的样本数据资料，为实证研究结论的科学性提供依据。本书基于生态位测度指标，选择 14 家甘宁青地区回族老字号企业作为调查样本，通过量表编制、预调查，获取调研数据，形成实证分析的样本数据。

第六章　基于企业内部知识源视角的品牌进化路径分析

传统经济学认为，技术、土地、资本等资源禀赋是经济增长的源泉。1959 年，著名的管理学家彼得·德鲁克认为，在知识经济时代，知识将成为可取代土地等传统资源的关键资源。这一论断深刻地影响了其后的管理学者，国内外学者分别从不同角度论述了知识作为资源对企业的重要价值。作为关键战略资源的企业知识资源，在企业成长、品牌进化过程中由于知识资源的特性，每个企业的知识资源都具有个性化特征，在企业内的知识驻点流动、组合，成为推动企业品牌进化的动力源泉。扎根理论研究表明，企业内部知识是影响品牌进化的关键要素，企业内部知识源的构成是什么？基于企业内部知识源的品牌进化路径有哪些？本章中利用案例研究的方法分析企业内部知识源的结构，探索技术创新知识、企业文化知识、企业管理知识与品牌进化的关系，提出基于企业内部知识源的品牌进化路径。

第一节　企业内部知识源

知识推动着企业发展，在企业内形成不同价值形态的实体，创造出竞争优势。纳尔逊和温特出版了《经济变迁的演化理论》，以进化生物学隐喻的视角将经济增长描述为由技术创新推动的演化过程，将企业惯例描述为具有程序性、默会性的知识。美国学者约翰·齐曼从知识与技术发明关系着手提出了知识要素对技术创新的动态属性的影响。在品牌生态环境中，品牌以知识的形态在进化动力机制的作用下推动着企业的进化和发展。黄凯南认为，“知识变动是企业深层结构的变动，也是企业演化的本质，它直接推动了资源和产品层面的变动。”伴随着消费者需求的变化和市场竞争，企业技术、管理制度和方法也在不断发展中创新，推动产品不断适应顾客需求，形成了企业内部知识的流动和进化。企业内部知识在企业内个体、团队与组织之间流入流出形成知识创新的源泉，称为内部知识源。内部知识源的不断进化推进品牌进化，从而实现相互协同，共同推动企业演进。

知识源是企业知识的源泉，也就是知识点的源头知识。基于企业严格的内外边界，企业知识源可以分为内部知识源和外部知识源。企业内部知识源是来自企业内部员工个人、团队与组织创造的关于技术创新、文化以及管理制度方面的知识。外部知识源则来自于顾客、合作伙伴和产业联盟等竞争性的外部知识。从品牌进化角度说，技术创新为品牌进化提供产品基础。研究表明，企业 R&D 是企业内部知识源的重要来源。由此，基于企业 R&D 过程可以促进企业内每个个体、团队为企业技术创新服务。企业 R&D 推动了企业技术创新，促使企业技术改变。同时，文化传承和创新为品牌进化提供了重要的文化背景。文化对于品牌来说，不仅是价值观、行为方式，更是品牌在市场中的背书。丁瑛等认为，品牌文化可以形成强烈的品牌忠诚。在这一过程中文化创造了品牌个性，连接了与顾客的情感联系。管理知识的传承和创造为品牌进化提供制度保障。谢荷锋等认为，管理知识是构成企业核心竞争力的重要源泉。品牌在日常运营管理中，各种计划、决策、组织、激励的职能逐步演化为各种规章管理制度，形成企业的管理知识和资源。依靠企业专有的管理知识的传承企业获得了稳定的品牌管理制度，依靠创新的管理知识企业获得了品牌进化的管理资源。因此，技术创新知识、企业文化知识、企业管理知识构成企业内部知识源。

第二节　基于技术创新知识的品牌进化分析[①]

技术和品牌是企业知识系统重要的外在表现形式，技术演变、品牌发展使企业在市场环境的演进中不断得到创新和改变。在知识进化的作用下，企业内外部知识的流动促使企业技术研发系统和营销系统的技术知识和企业品牌知识相互影响、相互作用，共同推动品牌进化和技术创新。近年来，国内学者分别从企业技术创新与品牌创建的关系、技术创新对品牌价值的关系做一定的研究，但还没有从二者的互动关系深入探讨。从知识进化理论和回族老字号企业微观视角，分析技术创新和品牌进化共生耦合机制，提出构建基于技术创新的老字号品牌进化路径，将有效推动老字号改造升级。

知识的进化隐含着知识创新的过程。基于熊彼特的观点，生产要素通过组合形成新知识，知识在不断的组合创新中得到了进化。坎贝尔（Campbell）在波普尔知识进化论的基础上提出，知识在创新过程中的保留和淘汰就是知识的进化。从企业知识进化的视角看，技术创新和品牌进化构成知识创新行为两面，技术创新是将新的技术要素加以组合、开发形成新的或改进的产品、过程或服务，从而在市场中创造价值的行为。对技术创新的研究最初起源于对经济增长的研究。索罗（Solow）认为，技术进步是资本积累报酬递减的重要影响因素，技术创新是经济增长的基本条件。从知识视角看，作为企业关键性资源，知识本身不会产生创新，只有通过知识的转移和流动，实现动态进化推动技术创新。技术创新是企业以前期

① 杨保军，黄志斌. 基于知识进化视角的技术创新与品牌进化耦合机制研究［J］. 自然辩证法研究，2014（12）：30-35.

的知识积累和知识存量为基础创造、扩散、运用知识的能力，实质上是在已有知识基础上的创造活动。企业技术人员通过学习与合作实现了知识流动，提高了企业技术创新能力，从而实现知识进化。

一、技术创新与品牌进化耦合机制的案例分析

案例研究是理论建构的重要方法。根据殷（Yin）的案例研究理论，案例研究使用多种来源的资料建立研究结论和案例资料之间的证据链。本书选取了回族老字号企业宁夏敬义泰清真食品有限公司作为案例研究对象，通过调研多方面获取公司资料，约请样本企业的总经理、副总经理、中层管理人员进行面对面的半结构化访谈，访谈题目涉及企业技术创新过程、品牌管理、品牌进化等问题，每次访谈时间 1~2 小时。访谈结束后根据录音和记录进行文字整理，并反馈给企业，力求语义沟通顺畅。

样本案例：宁夏敬义泰清真食品股份有限公司成立于 2006 年，注册资本为 4319 万元，公司前身为银川敬义泰清真糕点厂，主要经营酱制品、糕点制品。公司源自清代同治末年晋商所创敬义泰商号，成立于 1862 年，为旧时宁夏八大商号之首，至今已有 150 余年的历史。宁夏敬义泰 2006 年被评为中华老字号企业，是西北地区著名的回族老字号企业。2012 年获得商务部颁发的非物质文化遗产证书。

从样本案例的访谈资料分析，宁夏敬义泰十分重视技术创新，出于文化制度、顾客需求和竞争的压力，企业技术创新来源包括两方面：一是注重员工技术的传承和培养，通过岗位培训和技能提升，保留老字号企业的传统技术；二是加强吸收外部知识，引进了国内领先的清真糕点自动化生产线，并与中国农业大学合作研发速冻方便菜肴。经过努力攻关，公司全面掌握了速冻方便菜肴制作过程中的关键技术，不断改进技术工艺，加强新产品、技术研发，使老字号产品技术不断得到发展，知识得到不断创新。研究表明，知识创新和知识流动是技术创新的来源，技术创新过程是知识、技术、信息、物质、人员等创新要素在企业总体发展战略和创新目标下的流动、整合及应用过程。敬义泰通过对内外部知识的获取、共享和

利用，推动了知识的创新和技术的进步，在这一过程中，知识得到了进化，技术得到了创新。根据知识创新和进化的过程，我们将企业技术创新的过程分为五个阶段，即技术构想阶段、技术研发阶段、生产开发阶段、市场化阶段、技术再创新阶段。研究宁夏敬义泰的历史，公司的每一次产品创新都是在征求顾客意见的基础上开始产品的研发，从产品构想到技术再创新都经历了吸收内外部知识推进技术创新的过程，如表 6-1 所示。

表 6-1　样本案例企业对技术创新的重视程度引文例证

样本企业	引文例证
宁夏敬义泰	顾客意见很重要，像我们现在这种朝觐食品在伊斯兰地区一定要符合民族习惯，这样顾客才认可；我们也经常到市场上去调研，收集顾客的意见；我们很重视顾客对老字号的评价；老字号要坚守传统，也要产品创新，这都需要顾客的参与。我们很注重顾客的消费行为；我们公司产品传承和坚守了传统清真食品的生产技艺，满足了伊斯兰传统文化和市场需求，产品已经成为宁夏的特色旅游产品；我们十分重视与中国农大的合作，这是我们技术研发的重要途径 我们企业非常重视员工培训，新入职的员工都要接受专业的训练，掌握相应的技术，对企业文化有较为深入的了解；我们长期和高校的研究院所合作，这种灵感来自于我们民族地区的顾客，他们为我们提出了很多建议，使我们的朝觐食品能够有机会打入中东市场

注：资料来源于作者调研数据（下同）。

传统的敬义泰老字号在西北回族地区具有较高的品牌知名度，早期以副食糕点产品在市场上有较高的口碑。但是，伴随着市场发展，众多竞争对手的加入使这一行业竞争加剧，公司品牌形象老化、产品陈旧，服务刻板的问题制约了公司的发展，也影响了品牌的发展。面对这种状况，公司进行了一系列品牌重塑活动：更新公司网站；通过媒体宣传，注重发扬“敬义泰”中华老字号品牌文化；通过速冻方便菜肴产品开发，打造“宁夏特色品牌”和“中国朝觐专供食品指定企业形象”；通过这些活动实现品牌进化。企业营销部门在推进品牌进化过程中依赖知识流动提供各种信息，顾客品牌知识、企业知识、外部知识在品牌营销系统与外部环境之间、品牌营销部门内部人员之间通过知识转移实现阶段轮换，从而推动了品牌进化。赫利（Hurley）认为，市场对企业绩效的影响需要创新才能发挥作用。市场对企业的影响无疑是巨大的。如何将市场元素的核心——顾客的需求、品牌知识转化为企业知识并获得绩效，必须通过品牌进化才能实现。艾南·理查德（Ian Richards）提出品牌知识是建立在与用户的持续的对话的基础上，包括营销者与用户接触过程中的各种顾客知识。基于宁夏敬义泰的调查和访谈，公司的品牌进化阶段可以分为品牌构想阶段、品牌定位阶段、品牌传播阶段、品牌运营阶段、品牌再定位阶段。这五个阶段虽然不是严格逻辑划分，但却涵盖品牌进化的每一个环节。从品牌构想到品牌再定位都经历了吸收内外部知识推进品牌进化的过程，如表 6-2 所示。

表 6-2 样本案例企业对品牌进化重视程度引文例证

样本企业	引文例证
宁夏敬义泰	老字号是企业宝贵的财富，也是市场的保证；但是敬义泰的品牌形象有一点陈旧；购买我们产品的以老顾客居多，新增年轻顾客不多；当前需要改进品牌 市场销售一定要改进品牌形象，注重发扬老字号的价值；发扬“敬义泰”中华老字号品牌文化 老字号改进关键在于产品；老字号要坚守传统，也要产品创新，这都需要顾客的参与

在知识的作用下，技术系统与品牌系统从互不关联到相互影响共同推进企业的进化。宁夏敬义泰在企业发展过程中，由于外部食品制造竞争对手的技术推动、顾客需求拉动、竞争压力以及文化制度形成了企业进化的外部环境，并不断促进品牌进化构想和技术创新构想的产生，一方面需要传承和保持企业原有的产品生产工艺和老字号品牌形象，另一方面又要通过技术创新和新产品开发创造更大的市场，并提升品牌形象。在此背景下企业要通过自身的创新机制、激励约束机制、保障机制，与外部技术专家开发清真食品速冻方便菜肴，利用自身的资源和能力为品牌进化和技术创新提供匹配性知识，使公司全面掌握了速冻方便菜肴制作过程中的关键技术。公司通过技术创新知识转化为品牌传播和运作知识，逐步将公司打造为国际清真食品中心，清真食品领域的领军企业的品牌形象。品牌的不断进化又推动着技术的再创新，从而形成更高一层创新系统。在竞争的大背景下，资源、能力与机制共同推动着企业的技术创新和品牌进化，并相互影响、相互作用，形成相互耦合效应，如表 6-3 所示。

表 6-3　样本案例企业对技术创新与品牌进化关系的引文例证

样本企业	引文例证
宁夏敬义泰	在宁夏这样的民族地区要处处考虑顾客的民族感受，技术创新也要从民族产品着手；清真食品是企业发展的基础，也是技术研发的方向 做好清真产品的研发也就是做好敬义泰这个老字号 做朝觐食品速——冻方便菜肴就是做中国最清真的食品品牌；新产品开发能打造老字号品牌形象 敬义泰这个牌子能带动企业的产品开发；老百姓认可这个牌子，是技术开发信心所在

二、技术创新与品牌进化的耦合要素

耦合（Coupling）是一个物理学概念，原指两个或两个以上的生态系统之间通过各种相互作用而彼此影响以至联合起来的现象。管理学借用此概念通常指系统耦合。技术创新与品牌进化的耦合是指技术与品牌两个相对独立又相互依赖的子系统通过相关耦合要素的相互作用而形成一个新的系统，进而借助耦合要素的影响推动企业系统的协同演进。从知识进化视角，技术创新与品牌进化的耦合是通过技术知识和品牌知识的管理，使技术创新和品牌进化按照企业战略或经营目标运行的一种知识流动的结合过程，并相互影响、相互作用从而推动知识不断进化的过程。

基于回族老字号宁夏敬义泰案例分析和文献综合分析可以看出，技术创新对品牌的创建具有重要影响，奥图班杰（Otubanjo）等通过索尼公司案例探讨技术密集型行业经营的企业在新技术创新过程中如何构建自己的企业品牌，进而提出技术创新能够提升公司品牌的价值。企业是建立在技术和品牌共生基础上的协同进化系统，技术创新与品牌进化相互依赖、相互作用，一方面各自建构的独立系统自我演进，另一方面二者形成耦合与平衡，共同推动企业进化。技术创新和品牌进化的耦合要素主要体现在以下四个方面：第一，环境。环境是由制度和文化、外部因素共同决定的内外部条件的综合。来自企业内外部技术推动、顾客需求拉动、竞争压力、企业制度文化等共同作用于技术创新和品牌进化。第二，资源。资源是技术提高的基础，是品牌建设的保障。技术创新和品牌进化的共同资源是基础设施、人才储备、知识与网络等。第三，能力。企业在成长发展过程所需要各种基于技术知识、营销知识和管理知识的能力。决定于技术与品牌知识流动的能力包括技术创新能力、营销能力以及管理能力，共同推动技术创新和品牌进化。第四，机制。机制是组织的构造、功能和相互关系，通过机制的协调推进系统协同演化，技术创新与品牌进化共同的机制包括企业创新机制、激励机制、协作机制以及监督机制等，它们为企业系统的有效运行提供保障。技术创新和品牌进化的耦合演化系统就是以上四个要素基于知识作用的聚集和互动。基于技术创新和品牌进化系统的耦合要素，我们可以构建起技术创新与品牌进化耦合模型，共同促进企业进化。

由此，我们得到技术创新与品牌进化的耦合机制：技术系统通过企业价值链体系形成技术联动关系，并通过技术交流和学习，推动知识进化配置资源和能力，增强整体的技术创新能力。品牌系统在市场导向下配置企业内部和外部的品牌知识和能力资源，促进内外部知识的共享、转移和应用，形成品牌竞争能力以积极应对外部环境。在耦合机制作用下，技术创新推动品牌进化，对品牌管理系统内部诸要素进行优化调整；品牌系统不断进化影响技术创新，通过适宜的知识供给，进行品牌营销推广，在不同的主体之间传递或者进行知识处理，形成差异化的品牌形象和品牌传播。技术创新和品牌进化的相互耦合推动企业高层级协同演化。

第三节　企业文化知识与品牌进化

从知识角度看，产品功能与结构的根源来自于企业的技术创新，技术创新知识构成产品基因，形成了各类新产品。从企业文化说，在品牌塑造过程中充分挖掘品牌文化基因，从民族文化、区域文化、企业文化、品牌历史文化、品牌营销文化中塑造品牌个性。各类文化知识形成了文化基因，推动了品牌的发展，每一个品牌在市场竞争中生存都应是独一无二的，依靠模仿和抄袭获得的品牌形象永远变不成老字号，基于隐喻视角对企业文化知识进行分析将为品牌成长提供重要的思路。

一、回族老字号企业文化知识构成要素分析①

构成企业文化的内涵包括企业历史积淀、企业领导人风格、品牌故事、企业精神品牌设计、品牌口号、民族文化、区域文化、品牌个性、品牌包装、口碑、营销手段、员工风貌、品牌定位、消费者使用经历等多个方面。借鉴张红霞教授的研究成果，企业文化知识包含四个方面：民族与地域文化（N）；企业经营理念（C）；品牌历史文化（H）；品牌营销文化（M）。这四个方面构成用一个函数关系式可表示为：

Y= f（N，C，H，M）

品牌的塑造是基于外部因素——民族与地域的文化，内部因素——企业经营理念、历史文化、营销文化的影响，最终塑造了区别于竞争对手的基因，从而打造出富有鲜明特征的品牌。回族老字号的发展不仅仅拥有独特的产品，更重要的是来自文化力量的推动。基于企业文化知识函数 Y= f（N，C，H，M），我们分析回族老字号的企业文化知识的构成。

从民族与地域文化说，回族老字号根植于中国土地，一般集中于回族聚居区，并有强烈的回族文化特色。回族文化的核心是一种以伊斯兰教信仰为核心的道德系统，把信仰与伦理道德紧密地结合在一起，构成了回族老字号品牌文化的伦理道德基础，使其区别于一般的竞争对手。宁夏敬义泰在宁夏得到了迅速的发展，根本在于宁夏地区回族众多，敬义泰获得了一个庞大的基于地域文化为基础的品牌社群，形成了品牌的地域文化基因。

回族老字号的品牌文化基因积累了深厚的企业文化基础，形成了独特的企业经营理念。首先，基于宗教和民族文化信仰是回族老字号独特的经营理

① 杨保军，黄志斌. 基于“品牌基因”视角的回族老字号品牌构成研究［J］. 兰州商学院学报，2013（6）：1-6.

念。建立在宗教信仰基础上的崇商观以及对“圣行”的效仿，成为回族个体成员从事商业活动的内在精神动力。其次，坚持质量至上。回族老字号得到顾客长期的信任的关键是稳定的产品质量和特色。马子禄牛肉面是兰州的著名老字号，公司多年坚持“过午不候”，既是公司的经营方针，也是保持产品品质的企业文化。最后，坚持诚信待人的经营理念。起源于传统社会的回族老字号对诚信、德行、仁义等传统的文化精神十分重视，并成为企业经营的店规店纪。发起于民国时期的吴忠老字号“贾死狗饭店”在早期的店规中第一句就是“待人诚信”。这一约定也成为很多老字号坚守的经营理念，推动了品牌的传播，成为回族老字号品牌的企业文化基因。

企业文化知识的第三个构成是品牌的历史文化。在当前竞争激烈的市场上，充斥着各种各样的竞争对手，但对顾客来说，悠久的品牌历史文化始终是顾客重要的考虑因素。首先，回族老字号延续了多年的品牌发展历史，时间积累了独特的传统制造工艺，形成可以唤起顾客心理认同、民族认同的传统文化。其次，回族老字号的代表人物构成了品牌历史文化的要素。父传子受、独立经营是回族老字号的重要特征，作为老字号的创办人、传承人在老顾客中积累了品牌知名度和美誉度，成为顾客重要的参考要素，马子禄牛肉面的品牌发展历史使其成为兰州标志性的品牌，是顾客到兰州的首选。最后，独特的外观标识是回族老字号品牌历史文化重要要素。品牌首先是商品名称和标志。回族老字号长期经营形成的老牌匾、旗帜、装修风格是顾客感官记忆的一部分，也是引起顾客品牌意识和品牌联想的外在感官体验，构成企业文化知识的重要来源。

回族老字号在多年的发展中虽然坚持品质至上，但依然利用顾客的口碑、回族文化的特色推广着老字号品牌，形成独特的营销文化。首先，独特的品牌推广方式。在长期的发展中，回族老字号发明了众多的营销方式，如招幌、叫卖等方式，“由于信仰伊斯兰教和具有特殊的饮食习惯，回民商号的招幌有别于其他民族的商业招幌，其中尤以回族餐饮业的商业招幌最有特色”。其次，回族老字号代表某一商品或服务种类形成的独特的功能要素，如敬义泰代表清真糕点品牌，在顾客长期的品牌印象中敬义泰就是清真糕点的代名词。最后，长期坚持稳定的价格策略。大多数回族老字号，商品坚持高品质、中低价格，企业长期也坚持稳定价格，形成了良好的顾客口碑，这一方面是老字号的品牌营销文化，从另一方面来说，价格定位也代表着品牌定位。

二、企业文化知识与品牌进化的关系

20 世纪 80 年代，从威廉·大内开始，企业文化研究逐步成为理论界和企业界热衷的概念，直到今天热度依然不减。基于深入的日本企业研究，大内找到了日本企业成功的原因——企业文化的重要作用。管理学家沙因认为，企业文化并不是企业价值观等外在的含义，而是企业员工共同拥有的更深层次的基本假设和信念。企业文化是企业内部知识的重要组成部分。企业文化决定了企业经营走向，商业意识、价值观念和品牌文化，长期的企业经营推动着企业文化的传承，企业内共同的知识传播与流动，形成大家共同遵守的约定俗成的理念和意识，深入影响着企业组织机构、管理体制和经营模式。借用生态学基因的概念分析企业文化，企业文化是构成企业发展的基因。每个企业都有自己的文化基因，这种文化基因由企业特定的历史传统形成的各种内部知识所组成，构成了企业的灵魂和理念，这种文化基因是企业内部共享的、稳固的核心价值观。

从品牌角度来说，组织品牌是企业内部价值观的外在表述。进一步说，品牌是企业文化基因的外在体现。基于内部知识形成的企业文化基因为品牌概念的设计、品牌形象的打造、品牌理念的传播奠定了基础，从而创造出了差异化品牌。对于品牌的文化内涵，学术界比较多地进行了论述。建构在企业文化基因的品牌融合了企业文化的知识内核，形成了品牌个性理念、品牌归属价值，在市场中创造出区别于竞争对手的差异化效应。

企业文化知识不是一成不变的。从企业生存和发展的角度说，企业文化基因面临着不断被企业选择和更新，是淘汰还是保留都与品牌面对市场的变化有密切关系。基于企业文化知识函数 Y= f（N，C，H，M)，企业文化知识的每一个要素对品牌进化具有显著影响。

民族和地域文化（N）的变迁来自于企业外部边界，但深刻地影响着品牌进化。随着社会和经济的发展，传统的民族和地域文化发生着潜移默化的影响，外部文化的渗透、人们自身文化观念的变化不断推动着文化创新，民族和地域文化也有自我更新的机制，处于一定民族和地域文化影响下的企业品牌也在变迁进化，内化为企业员工的知识和行为，形成品牌进化的理念和文化。

品牌进化更大的影响来自企业内部文化的创新。作为企业文化的核心，经营理念（C）关系到企业的愿景、经营策略、行为规范、发展方向等多方面。回族老字号的质量文化、诚信文化、信仰文化在经营中已经形成了品牌的文化象征，成为品牌的文化之根，但伴随着外部市场不断变化，企业技术创新、营销创新等因素的影响，企业经营理念也要不断创新，实质上是经营理念的再提炼、经营理念的再认识、经营制度的再规范的过程。这种创新一方面是对原有理念的提炼升华，另一方面也是对基于传统理念的制度规范和强化。对品牌的影响实质是对核心经营理念凝练规范的过程，由此推动着品牌的进化。

品牌的历史文化（H）是时间积累的产物。品牌历史文化的创新是在对品牌历史元素梳理的基础上，结合社会文化的变迁，注入时代文化元素、契合时代消费价值观，打造富有时代品牌文化和外部体现特征。传统的历史文化不仅需要怀念，更需要重新提炼赋予时代的特征，形成紧跟时代的品牌。

品牌营销文化（M）的变迁是市场不断推动的过程。企业在经营中不可能是一成不变的营销战略和策略，在变化中获得顾客，在变化中战胜竞争对手成为企业制胜的法宝，老字号概莫能外。如前所述，品牌的营销文化表现在品牌的功能定位、价格定位、传播策略、市场推广方式等多方面，不断推动营销策略的变化将使品牌不断进化，获取更大的竞争优势。

综上，文化在不断传承中得以承继，文化也在变迁中得以创新，知识在文化传承与创新中得到了进化，被选择保留的文化基因关键在于是否适应了消费者的需求和市场竞争。因此，不断演变的企业文化知识推动着企业发展，影响着企业品牌的传承和创新。也就意味着企业文化推动着品牌的进化。

第四节 企业管理知识与品牌进化

一、企业管理知识的含义

基于资源基础论的研究认为，领导者所具备的关于企业经营的专有知识是独特的、不可模仿的资源，是企业获得竞争优势的重要来源。企业管理知识包括管理者所具备的专业知识、管理制度、创新能力、领导能力方面的知识，是企业重要的内部知识。英国学者保罗·格里斯利将管理知识定义为解决某种需求和意图的方法。这里的需求主要是指高层管理对技术研发、管理规范、创新以及企业发展等方面的知识需要。谢荷锋等从管理资源角度将管理知识分为通用型知识、行业关联型知识、行业专用型知识和企业专用型知识，并研究了高管领导风格与管理知识资源之间的关系。在企业经营过程中，管理者的知识和经验具有非结构化、隐性特征，受到管理者的性格、职位、部门属性、上级或下属关系等多方面因素的影响，难以被模仿和复制。综合相关研究成果，管理知识是企业管理者所拥有的解决企业内部经营管理需求和问题的独特的、专有的内部知识。管理知识可以分为通用知识、管理制度与规范知识、企业专用知识、创新知识。管理知识在企业内部通过组织流程和职位设置逐步发挥作用，优秀企业的管理知识可以作为企业专有的知识和经验传承及移动推动企业不断成长。

二、管理知识与品牌进化案例分析

回族老字号的发展和传承不是偶然的，内部多年传承的一些店规、待客口诀与经营秘诀作为重要的管理知识促使企业成为老字号的关键原因。以调查的回族老字号宁夏敬义泰清真食品股份有限公司和吴忠民族饭庄为案例进行分析。在调研这些老字号企业之前，首先查阅相关老字号企业历史资料、文献，从中摘录出老字号发展历史上流传的一些经营管理的店规、制度和历史故事。其次选择老字号企业调研，主要询问老字号传承人、高层经理、老员工对以前传承的认识，然后整理后给企业确认。经过反复多轮的调研访谈，形成了以下关于老字号传承的管理知识：

样本案例资料 1：宁夏敬义泰清真食品股份有限公司（见本章第二节介绍）。

样本案例资料 2：吴忠民族饭庄。民族饭庄位于宁夏吴忠市，前身是成立于 1926 年的“贾死狗饭馆”，主营炒菜。在民国时期，就已是吴忠堡较有名气的清真餐馆了。新中国成立后，经过公私合营，“贾死狗饭馆”变为国营饭店，1985 年翻建后更名为吴忠民族饭庄。经过新中国成立后 60 余年的发展，吴忠民族饭庄发展为以经营清真餐饮业为主的老字号餐饮名店。

企业通用知识是企业经营管理需要的基础知识，涉及个人的性格、处事方式、身体特征、行为习惯、聪明程度、文化程度等方面的内容，是对个人掌握基础知识的认知。回族老字号在长期发展中比较重视员工和管理人员所具备的通用知识，这不仅是对其个人的观察，更是企业选人用人的先决条件。而从样本案例的访谈资料看，员工的信用、对顾客的态度、个人反应能力都是企业重视的方面，如表 6-4 所示。

表 6-4　样本案例企业对企业通用知识的重视程度引文例证

样本企业	引文例证
宁夏敬义泰	学徒必须是山西人；店员对待店东必须诚恳，不准欺骗说谎；经理和店员要勤俭，不占商号便宜，不浪费和损坏商号的东西……
吴忠民族饭庄	待人诚信、热情、亲切；饭馆挑堂倌专选说话和气、口齿伶俐、声音洪亮者，顾客进店生人熟人一样待，堂倌嘴要甜……

资料来源：作者调研数据、《宁夏老字号》（宁夏人民出版社 1997 年版）、《甘肃老字号》（甘肃人民出版社 2008 年版）（下同）。

每个企业都重视管理制度规范，这是企业对日常管理要求的解释性知识，包括企业在人事管理、生产经营、顾客接待等多方面的强制性要求，这是企业对员工的强制性义务。从样本案例的访谈资料分析，回族老字号企业伴随着企业成长，逐步认识到规章制度对企业的作用，逐渐将一些日常管理中的要求规范起来，成为企业奖惩的依据。例证如表 6–5 所示。

表 6–5　样本案例企业对管理制度规范的重视程度引文例证

样本企业	引文例证
宁夏敬义泰	营业时间，店员必须衣帽端正，不准坐柜台、不准背靠柜台 店员对待顾客要和颜悦色，热情接待；不准夜不归宿，违者解雇……
吴忠民族饭庄	店员在任何情况下，都要笑脸迎接顾客，严禁出言不逊；严禁店员带家属或亲朋进店居住……

在企业产品生产、新产品研发、财务管理、营销管理活动中，企业专用知识是与企业经营管理密切相关的知识，涉及生产技能、业务技能等多方面的知识。从样本案例的访谈资料分析，回族老字号企业经营管理活动中，对企业专用知识十分重视，通过严格的学徒制度、苛刻的晋升制度使员工在企业日常运营中逐步积累了相应的业务知识，从一个学徒生手变为熟练的业务能手，进而成为企业核心员工。如表 6–6 所示。

表 6–6　样本案例企业对企业专用知识的重视程度引文例证

样本企业	引文例证
宁夏敬义泰	商号的掌柜、管账先生都是精明能干的老手；能经常了解商情，使所进货物适应市场需要，随进随销，不积压资金；进销货物都能精打细算，批发货物讲究信用……
吴忠民族饭庄	选料认真，达不到规格标准，宁缺毋滥；积极挖掘民族菜肴的传统做法，提高质量；接待顾客要满面春风，热情相迎；说话和蔼，当顾客点菜的参谋；顾客一视同仁，坚持质好量多，价格合理，多种求利；团结店员，同心协力，发挥所长……

企业的发展依靠不断继承和创新，继承延续了企业核心能力，保留了企业的特色和声望，使企业得以延续。企业的成长更依赖于企业的创新，创新推动着企业不断适应顾客的变化，创新使企业不断推动技术的提高。从案例访谈资料看，宁夏敬义泰在商贸经营中办理汇兑业务，吴忠民族饭

庄创新菜谱等创新活动反映了回族老字号在长期的经营中，经营方式、产品样式都在不断钻研与学习，创新使企业获得了发展，创新知识是企业成长的内部推动力量。例证如表 6-7 所示。

表 6-7　样本案例企业对创新知识的重视程度引文例证

样本企业	引文例证
宁夏敬义泰	做生意要灵活，要适应商情的需要；生意要创新，如为增加收入，便利客商，发展代办汇兑，1000 元收汇费 5~8 元（新中国成立前）；顾客意见很重要，像我们现在这种朝觐食品在伊斯兰地区一定符合民族习惯，这样顾客才认可（现在）……
吴忠民族饭庄	厨师要认真工作，反复钻研，积极挖掘传统菜肴技巧；善于学习，不断做出别具风味的好菜，以名菜佳肴扬名（新中国成立前）；1998 年后创新企业经营机制，实行一年一考核的聘任制；调整经营项目，发展快餐经营；注意学习，吸收全国其他菜系之长，兼收并济，配以经过加工、改良而成的清真型川菜、粤菜、鲁菜当辅，形成了各式菜肴融合交汇的独特菜系（现在）……

第五节　基于企业内部知识的老字号品牌进化路径探索①

一、技术创新推进的品牌进化路径

回族老字号具有深厚的历史文化底蕴，历史品牌联想丰富，是甘宁青地区的标志性品牌，在老顾客中享有较高的品牌知名度和美誉度。面对现代市场的竞争，许多老字号在承继传统的基础上开展技术创新和品牌重塑，重新赢得了市场。基于回族老字号敬义泰的案例研究，从知识进化的微观视角挖掘技术创新与品牌进化内生化耦合机制推动企业发展的真实而全面的图景。由此，我们提出构建基于技术创新的回族老字号品牌进化的路径。

① 杨保军，黄志斌. 基于知识进化视角的技术创新与品牌进化耦合机制研究［J］. 自然辩证法研究，2014（12）：30–35.

第一，提高产品和服务技术，打造技术创新型品牌进化形象。回族老字号的核心竞争力是传承的独有技术，以质量取胜。伴随着顾客需求的变迁，促进老字号技术创新知识体系的进化是实现企业升级改造和品牌进化的关键。但是，回族老字号实现技术创新的瓶颈在于人才缺乏，创新潜力不足，主要原因是由于许多企业是家族经营，文化相对比较封闭，知识传承依靠师傅带徒弟的方式，限制了技术创新。因此，必须重视技术创新对企业品牌的价值，挖掘老字号资源，加大科研经费投入、技术人员投入，强化老字号产品和服务特色。

第二，强化品牌质量，促进技术知识和企业品牌知识的流动。企业品牌质量来自顾客感知度量。大多数回族老字号传承了先辈的基业，品牌质量构建于企业历史和传统的累积。在品牌传承中，家族内部关键成员掌握核心技术或配方，秘而不传，企业之间，员工之间的学习交流机会很少，致使技术处于停滞状态，当企业知识资源不能实现流动时，知识就不能得到进化，企业的技术创新和品牌进化也就难以实现，品牌质量得不到提升。因此，必须加强企业员工的培训，外出交流学习，吸收来自大专院校、科研院所的科研成果，组建创新团队，促进技术知识和企业品牌知识的流动，不断强化品牌质量，为技术创新和品牌进化奠定基础。

第三，构建老字号企业技术创新机制。老字号能成长到现在并不是保守的，而是不断创新的结果。但从企业技术创新和品牌进化的内生成长过程看，构建适合企业创新的流程、机制非常关键。这包括逐步树立创新理念，重视科技对品牌价值的影响；建立推进知识转化为技术创新的机制，鼓励技术创新；建立推进企业品牌知识流动的机制，鼓励企业品牌进化；建立企业制造系统和营销系统的交流机制，鼓励技术和品牌的共同发展。

二、企业文化推进的品牌进化路径

从知识进化视角看，企业文化知识传承和创新与品牌进化是相互作用、相互联系的。张燚等学者从远东控股集团的案例研究着手，探索了企业文化与品牌成长的关系，论证了企业文化对品牌成长产生着正向影响。从现有的研究和企业实践看，企业文化知识对品牌进化的影响经历了对企业文化要素认知、利用企业文化进行营销以及基于企业文化核心理念来设计和推广品牌的过程，这一过程的演变反映了企业文化知识与品牌进化的密切关系。

第一，加强民族与地域文化的挖掘推动品牌进化。每一个品牌都凝结着民族的或地域的特色，民族精神、地理属性的不断强化对品牌发展起到重要的背书作用。回族老字号敬义泰在品牌营销中，一方面继承了老字号传统的民族文化、地域文化，坚守“先将诚信施于人，才能取信于人”的古训，另一方面不断推进创新，积极创新食品生产技术，改进原有落后的加工技术，使品牌在市场竞争中获得了成长。

第二，加强企业经营理念的塑造推动品牌进化。作为企业核心要素的经营理念，许多回族老字号企业把“顾客至上”作为企业营销的核心。从品牌角度看，经营理念是企业内部独特的文化知识，决定着企业环境文化、道德文化、管理文化、质量文化、创新文化等诸多外在的文化表现。一方面，经营理念与企业的文化传承密切相关，另一方面，企业经营理念也是伴随着市场的变迁而不断创新。回族老字号的经营理念的变迁促进着品牌的不断进化。

第三，加强企业品牌历史文化推动品牌进化。品牌经营的时间是不断获得消费者认同的历史。老字号悠久的历史文化是品牌形象树立的重要保证。在品牌历史发展过程中，历史文化被赋予各种品牌故事并成为传播的卖点，也就成为企业内部可以作为显性知识的物品展示和作为隐性知识的文化传承。回族老字号平凉春华楼的历史文化在企业品牌传播中一直作为优秀质量文化的保证，其品牌定位为甘肃平凉独特的羊肉泡馍，号称“不吃羊肉泡，枉把平凉到”，在此品牌历史文化基础上，逐步实现了品牌文化的创新。

第四，创新营销文化推进品牌进化，促进品牌的传播扩散。品牌的差异不仅体现在品牌形象，更在于品牌营销中体现出的文化。相对于产品营销，文化元素的植入对目标顾客的吸引更为深入。回族老字号吴忠民族饭庄在企业经营中注重营造伊斯兰风格的装修风格，打造独特的民族消费体验文化，在品牌营销中植入了环境、员工、产品以及管理文化元素，使之与竞争对手品牌形象拉开了距离。伴随着体验营销被众多竞争对手所引用，民族饭庄在原有的民族餐饮体验营销文化中创新，引入更多的服务文化充实原有的品牌文化内涵，使消费者对品牌的理解更为完整，体验更为深入。企业通过品牌营销文化打造品牌个性，通过分享企业内部文化知识，促进营销主题、营销传播、营销形象的变化从而促进品牌进化。

三、企业内部管理推进的品牌进化路径

美国学者 Spender 等认为，促进企业成功决定于三个方面：创新的知识、知识整合、知识应用。由此，基于企业管理知识创新的品牌进化路径表现在以下三个方面：

第一，加强知识交流学习，提高创新能力。知识是企业的核心能力和竞争优势，这已得到学术界和企业管理实践的广泛认同。管理知识创新是理论结合实践的活动，通过培训、学习、交流相互共享，逐步形成了创新能力。创新能力是构成核心能力的重要组成部分，在品牌不断发展过程中，创新能力推动企业关键员工如核心管理人员、技术人员、营销人员等不断适应顾客需要，推动产品、品牌创新，从而促进品牌进化。吴忠民族饭庄作为清真老字号企业，促进员工相互学习讨论已经成为企业管理的常态。通过学习讨论，一些服务细节被注意到了，一些新的菜品也被开发出来。大到店内装饰，小到牙签盒的式样都是在学习讨论中形成的，这种学习氛围的形成促进了对创新知识的应用，从而推动品牌进化。

第二，加强品牌保护和维权，整合资源提升品牌影响力。管理知识在企业发展中都贯穿始终，决定其经营绩效高下的关键在于如何整合管理知识，形成创新知识的合力，在品牌运营管理中保护品牌，提升品牌影响力。在以竞争为背景的现代市场中，推动品牌进化受人员、信息、技术等多种内部知识的制约，对品牌运营流程的梳理、对品牌管理体系的整合，实现品牌创新资源和流程的整体优化，形成强大的品牌保护能力。作为中

华老字号的敬义泰已经有150多年的历史，面对现代市场的竞争，企业积极挖掘老字号的文化资源、历史资源、民族资源优势，通过资源整合和管理流程优化，形成较为完整的品牌管理体系，将企业打造为宁夏清真食品龙头企业品牌形象，老字号品牌得到了保护，实现了品牌的华丽转身。

第三，加强创新知识应用推进品牌传播。管理知识不是静态的知识，而是附着于不同知识主体流动的知识，在企业内如果不善加利用，就形不成合力。兰州马子禄牛肉面在50多年的发展历史中积累了企业核心管理理念和产品技艺，创造了响亮的金字招牌，但伴随着现代市场的竞争，企业并没有裹足不前，而是积极利用企业技术创新和管理知识，塑造良好的顾客口碑，紧跟政府在旅游宣传和城市推介中传播老字号品牌形象，实现了老字号的振兴。

本章小结

作为民族地区标志性品牌的回族老字号在多年的发展中凭借过硬的质量、浓厚的企业文化背景和独特的管理模式在区域市场中发挥着市场影响力。深入老字号企业调研，无论历史记载还是管理人员、员工与顾客访谈资料，都能感受到老字号在品牌成长过程所积累的管理知识与经验。回族老字号的竞争优势来自有效应用内部知识并变为有价值的品牌影响力。

作为重要的内部知识，技术创新知识推动品牌进化，技术创新知识在企业内部流动，通过产品和质量技术，对品牌进化过程进行必要的知识供给，构成了品牌形象的技术内涵和品牌传播特质，创造出差异化品牌形象。回族老字号的持续经营源自富有特色的产品、服务和稳定的质量。案例研究证明，独特的专有技术传承保证了稳定的产品质量，同时，持续的技术创新提升了产品的适应能力。因此，在内部知识源的影响下，产品和服务是品牌进化的载体，质量是品牌进化的基础。

回族老字号品牌代表了消费者的利益认知和消费情感及文化认知，在企业品牌运营过程中，基于内部的企业文化知识的传承和创新推动着企业品牌的创新与进化，形成了回族老字号品牌活力。因此，在内部知识源的影响下，企业文化推进了品牌的传承和创新，企业文化知识是品牌进化的灵魂，创新是品牌进化的动力。

企业管理知识是推动品牌的进化成长的重要内部知识。从企业管理知识与品牌进化的关系看，管理知识可以分为支持性知识和创新知识，支持性因素包括企业通用知识、管理制度规范、企业专用知识等方面形成企业制度规范、人事结构形成、业务基本技能方面，也即迈克尔·波特提出的“支持性活动”所需要的因素，对品牌在市场中维权和保护形成制度保障。决定品牌进化的关键的管理知识在于企业创新知识对品牌进化的影响。案例研究表明，回族老字号传承了企业经营管理传统，坚持通过服务提高顾客口碑，坚持创新保持品牌活力，积极开展维权保护品牌形象，坚持依靠顾客口碑进行品牌推广。因此，基于独特的管理知识实现了品牌进化，品牌的维权和保护机制是品牌进化的保障，品牌扩散和传播是品牌进化的目标。

第七章　基于顾客品牌知识源视角的品牌进化路径分析

本书第六章分析了基于企业内部知识源的品牌进化路径。扎根理论研究表明，顾客品牌知识是影响品牌进化的关键要素。因此，顾客品牌知识成为企业重要的外部知识来源。本章将分析顾客品牌知识的构成，利用多案例分析回族老字号的品牌知识与品牌进化的关系，并据此提出品牌进化的路径。

第一节　顾客品牌知识：含义与构成

一、顾客品牌知识含义

知识产生于人类对世界的改造实践活动之中，因此所有的知识必须被视为源于特定的生产方式，而不是某种先天的纯粹理性的建构。顾客品牌知识起源于现代营销管理实践，是促进品牌进化重要的外部知识源。学术界对顾客品牌知识的研究始于 1993 年凯文·莱恩·凯勒的《概念化、测量和管理客户——基于品牌资产》一文，凯勒从品牌资产角度提出了品牌知识的含义和构成，将人们的研究视野引入顾客品牌知识管理的研究方向。2003 年，凯勒引入品牌战略管理体系的概念，对品牌知识的内涵做进一步的扩展，将品牌知识作为“品牌合成”（Brand Synthesis）的研究途径。学术界对凯勒的品牌知识概念给予了积极回应，纳兹勒（Nazli Alimen）等学者利用凯勒的品牌知识概念对土耳其大学生 9 个国际时尚品牌的知识采用方便抽样调查的方法，揭示性别的影响、教育领域和使用的品牌评估等品牌知识对品牌选择的影响。

综合国内外学者研究顾客品牌知识的文献，顾客的品牌认知和品牌形象是研究品牌知识重要的两个维度。在顾客购买企业产品和服务的接触过程中，基于顾客既有的知识基础、认识水平和企业的品牌传播等多方面因素的影响，顾客对企业产品和品牌形象形成了自己的知识，这种知识是企业与顾客之间相互影响的结果，是顾客个性化知识，也是综合的知识。凯勒在《品牌的合成：品牌知识的多面性》一文中对品牌知识的理解提出了自己的观点：品牌知识是顾客对品牌的意识、属性、优点、联想、思考、感情、态度、经验等综合性的判断，这为我们分析顾客品牌知识的内涵提供了重要的理论基础。

顾客品牌知识是顾客在购买企业产品和服务过程中基于需求情景建立起来的对品牌认知、联想的知识合成，是顾客置身其境体验与领悟的主动的知识建构，并在持续的消费体验中不断积累。作为企业边界之外的重要的外部知识，顾客品牌知识推动了企业技术创新、品牌形象的改进和管理水平的提升，这种动态的变化是顾客品牌知识的进化过程。

二、顾客品牌知识构成

（一）顾客的产品知识

作为重要的企业外部知识，顾客的产品知识对企业产品研发、营销模式、品牌形象都有重要的影响。通常认为顾客的产品知识是顾客对企业提供的产品和服务的感知和了解，进一步延伸此概念，是指顾客对市场中提供的某一品类的产品性能、属性、价格、品牌等方面知识的知晓程度。美国学者罗格·D.布莱克韦尔（Roger D.Blackwell）等认为，顾客的产品知识是“与产品购买和消费相关的，在记忆中有存储的全部信息的子集”。市场中的顾客，一方面是感性的，在产品消费过程受到个体的情绪、态度和心理的影响，产品知识可能是主观的评价；另一方面基于受教育经历、消费经验和社会经历的影响，顾客产品知识可能是客观的，能够成为企业利用的知识。顾客产品知识涉及顾客在消费产品和服务中全部的购买知识、消费知识和使用知识。从知识的显性和隐性角度看，一方面，顾客的产品知识可能来自于一些宣传资料、书籍、社交媒体上传播的知识，是显性的知识；另一方面，顾客的产品知识更多的是隐性知识，是顾客对产品的感知、评价。冯旭等基于实证分析论证了顾客产品知识对顾客个人创新行为的影响。顾客的个人创新行为可以有效地促进企业创新。

（二）顾客的消费知识与经验

顾客的消费知识与经验不仅影响顾客的消费决策，更影响企业产品研发与创新决策。顾客的消费知识与经验是衡量顾客消费所具备知识的两个重要维度。消费经验是顾客在长期购买使用产品或服务的过程中所积累的经验。消费知识是顾客为购买某一产品或服务而对相关产品或服务的产品特色、式样、技术指标等知识的了解程度，顾客以此做出决策。顾客的消费知识与经验是构成顾客品牌知识的重要方面，对企业创新具有重要影响。

（三）顾客的品牌形象知识[①]

关于品牌形象内涵的研究最早开始于 1955 年，由 Levy 和 Gardner 提出，品牌形象概念的热捧受到美国第二次世界大战后人们消费观念变化的影响，许多消费者逐渐从关注产品上升到关注产品形象和品牌，作为象征意义的品牌形象成为人们热议的对象，学者们分别从各自研究领域给予了不同的解释。学者 Dobni 和 Zinkhan（1990）归纳了品牌形象定义的四个角度：基于品牌个性的角度、基于象征意义的角度、基于心理认知的角度、基于综合意义的角度。Aaker（1997）从品牌个性角度定义了品牌形象，他认为品牌形象是与品牌个性相关的一系列联想，品牌个性类似于人类个性

① 杨保军. 回族老字号品牌形象进化路径的质性研究 [J]. 北方民族大学学报（哲学社会科学版），2014（2）：35-40.

特征。Aaker 基于品牌资产概念提出品牌形象测评模型，应用产品属性、品牌个性、企业形象三个维度测评。范秀成和陈洁（2002）在此基础上提出产品、企业、人性化和符号构成品牌形象，并提出了测量指标。Park、Jaworski 和 MacInnis（1986）认为象征性品牌（Symbolic Brand）是用来满足消费者的象征性需求的，并将它定义为“为了满足消费者对自我提升、角色定位、群体成员身份或自我认同的需求而设计的品牌”。崔楠、王长征（2010）据此构建出象征性品牌形象的四个维度：个人、关系、社会和集体，并进行了验证。品牌形象的象征意义从消费者需求和象征角度分析其含义和构成，得到了 Aaker 等学者的响应。从认知角度研究品牌形象的学者有很多，包括 Keller（1993）、Biel（1993）、Blawatt（1995）、范秀成和陈洁（2002）等学者从消费心理学角度分析品牌形象，把品牌形象看作是品牌联想或品牌知觉。Keller 将品牌形象定义为消费者关于品牌感知的网络式记忆联想，并从品牌资产角度提出了品牌形象测评模型，认为品牌形象是品牌资产的一个核心要素，结构维度包括品牌联想的种类、偏爱、强度和独特性。Biel（1992）从综合意义上定义了品牌形象，他认为品牌形象是消费者脑海中与某个具体品牌相联系的属性集合和相关联想，是消费者对品牌的主观感知，并提出品牌形象由公司形象、使用者形象构成和产品/服务自身形象构成得到了较多学者的回应。从众多学者对品牌形象的定义来看，实际上是从两个视角分析：一是从消费者认知角度，品牌形象被消费者定义为购买产品和服务差异的重要标志，是消费者对品牌的感知和联想，具有典型的象征意义；二是从企业角度，品牌形象是企业塑造品牌个性的重要特征，是企业创造产品和服务的外在表征。品牌形象结构维度的不同研究视角，反映了研究者对品牌形象认识的差异，基于消费者认知视角的结构维度成为当前学界比较认可的研究范式。品牌形象知识构成顾客品牌知识的重要组成部分。

第二节 顾客品牌知识管理与品牌进化的案例分析①

如何获取和利用外部知识是企业的重要课题。研究表明，强大的吸收能力能够有效帮助企业吸收外部知识资源，提升竞争优势；吸收能力与创新绩效存在正向关系。吸收能力理论是近 20 多年来管理学重要的研究发现，被广泛应用于战略管理、市场营销领域。知识边界的拓展使企业对知识的管理扩大，来自顾客的品牌知识都要逐步纳入企业管理的范畴，共同推动品牌进化。从顾客研究视角看，每一个顾客都对品牌有自己的见解，不同的文化背景、地域的消费者拥有不同的品牌知识，品牌知识形成了差异化效应，从而形成品牌资产。面对外部顾客的品牌知识，需要企业关注和识别顾客品牌知识，更需要企业依靠知识吸收能力获取和使用。库恩（Cohen）认为，吸收能力是识别外部信息新的价值，并把它应用到商业目的，是企业创新能力的关键。深入研究企业的吸收能力，才能有效利用顾客品牌知识以促进企业的品牌进化。通过建立吸收能力与顾客品牌知识之间的联系机制以促进企业对顾客品牌知识进行管理。

一、研究命题

凯姆（Kim）从三星公司案例研究出发提出，先验知识基础和努力的强度决定了吸收能力，知识吸收能力是学习能力和问题解决能力。载拉和乔治（Zahra and George）提出了吸收能力是一种动态能力的观点，并将吸收能力划分为两个关键维度：潜在吸收能力和实际吸收能力。分析国内外

① 杨保军，黄志斌. 吸收能力视角的顾客品牌知识管理模型构建——基于回族老字号的多案例分析［J］. 中国流通经济，2014（8）：86-92.

文献发现，目前吸收能力的研究文献主要集中于组织学习、创新、企业基础知识观、吸收能力与企业绩效等内容。虽然众多学者研究的结论因为研究的视角和选取的维度不一致，但为以后的研究提供了重要的研究视角。知识吸收能力，一方面是企业利用先验知识辨识、获取外部知识并给予解释的能力，另一方面是企业利用自己的沟通渠道和知识传送渠道将外部知识转化为已有知识并加以应用的能力，是研究顾客品牌知识管理的核心。

企业对顾客品牌知识的吸收和知识流动对品牌市场价值的提升具有重要作用。吸收能力不但可以扩大企业整体的知识存量，还可以通过促进品牌知识流动、降低产品的研发成本和品牌推广成本，促进品牌进化。从相关文献综述看，学术界较为深入地研究了吸收能力和品牌知识的内涵及相关理论，但存在以下局限：首先，对吸收能力与品牌知识的关系没有深入的研究，缺乏相关的实证分析。其次，对吸收能力视角下品牌知识管理模型的研究文献比较欠缺，影响企业利用品牌知识促进品牌进化。这也为本部分提出了研究的方向。

如何获取、利用和共享品牌知识决定于企业内部的吸收能力。库恩（Cohen and Levinthal）认为，组织对外部知识的吸收能力是决定创新绩效的一项重要因素，意味着吸收能力决定着品牌知识获取、品牌知识共享、品牌知识利用，进而影响品牌进化绩效。尼维斯等（Nevis）提出了学习三阶段模型：知识获得、知识共享、知识应用。载拉和乔治（Zahra and George）从知识吸收能力角度提出四个维度知识学习模型，即获取、吸收、转化和利用。基于以上文献，结合品牌管理实际，品牌知识积累应成为品牌知识管理的重要组成部分。品牌知识获取、品牌知识共享、品牌知识积累、品牌知识利用构成基于吸收能力的品牌知识管理模型。由此，我们提出顾客品牌知识管理与品牌进化关系理论框架，如图 7-1 所示。

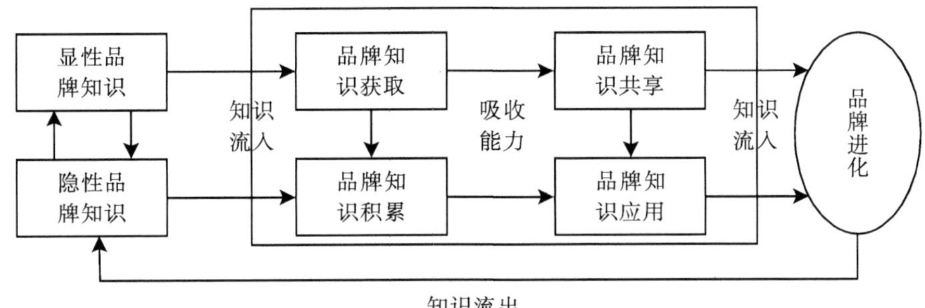

图 7-1 顾客品牌知识管理与品牌进化关系理论框架图

在品牌进化实践中，顾客品牌知识是推动品牌产品、品牌技术、品牌形象以及品牌管理创新的重要力量。顾客品牌知识作为典型外部知识源，因其属性的不同而对企业品牌进化有显著的差异。波兰尼在 1958 年提出隐性知识概念后，野中郁次郎等学者进行了深入研究。显性顾客品牌知识具有高度编码化的特征，储存于公众知识库中，企业可以比较容易获得，但很难形成差异化的优势。隐性知识是相对于显性知识而言的，被形容为只可意会不可言传、不能系统表述和传递的知识。隐性顾客品牌知识是存在于顾客头脑中的需要体验或在实践情景中获得的那部分关于品牌的知识，需要通过观察、深入沟通才能获取，如顾客的直觉、价值观、态度、愿望、经验等知识。隐性顾客品牌知识的组织嵌入性、默会性特点可以形成品牌优势，决定于企业的知识吸收能力。知识的显性与隐性划分是知识研究的重要发现。顾客的品牌知识是企业品牌进化的重要的外部知识来源。存在于顾客头脑中固有的条理化的可以度量编码、交流的显性知识结构反映顾客对品牌知识的外在理解，企业可以通过收集顾客意见等方式获得，而对于顾客头脑中关于品牌使用体验、购买经验以及洞察力、价值观、灵感、体悟等隐性的品牌知识则需要企业与顾客长期交往后对顾客心理和行为的理解及感知，对品牌进化起着关键作用。基于此，提出以下命题：

命题 1：顾客品牌知识是企业重要的外部知识来源。

吸收能力对知识转移和知识流动具有重要作用。素兰卡（Szulanski）

在对 8 家公司的 122 项“最佳实践”的 271 项观察数据进行分析时发现，吸收能力是知识转移的重要影响因素，吸收能力的缺乏是组织内部知识转移的最大障碍。从品牌知识的获取到利用的关键是企业的吸收能力，如果企业具有强大的吸收能力，顾客品牌知识将源源不断地从企业外流向企业。知识在转移和流动过程中，原来分散的、不系统的、不全面的知识体系逐步进化为系统的、全面的知识体系，演变为推动企业品牌进化的关键力量。因此吸收能力将成为顾客品牌知识流动的关键，也将成为品牌知识管理的核心。随着企业竞争环境的动态变化，速度、创新成为企业经营的关键要素，需要企业关注顾客需求的变化，提升企业自身吸收能力水平，不断学习来自外部的知识，以促进品牌进化。研究表明，企业吸收能力得益于组织学习和 R&D 活动、个人成员的先验知识水平、社会性互动和相互关系。基于企业吸收能力使顾客品牌知识与企业知识相互渗透，形成了相互作用的知识管理体系，从品牌知识获取、共享到积累和利用，每一个环节都是企业与顾客互动的过程中对品牌知识的理解和应用的过程。在品牌知识管理模型中，吸收能力促进品牌知识流入与流出实现螺旋式上升，推动品牌进化。基于此，提出以下命题：

命题 2：吸收能力是推动顾客品牌知识流动的力量。基于吸收能力的顾客品牌知识管理包括品牌知识获取、品牌知识共享、品牌知识积累和品牌知识利用四个过程。

艾克（Aaker）认为，创新是品牌战略的重要组成部分。品牌进化是指随着企业经营环境的变化和消费者需求的变化，品牌的内涵和表现形式也要不断变化发展。在知识管理背景下，知识构成了品牌的内涵和价值，知识的变化和新知识的引入推动了品牌的创新。品牌进化依赖于企业内部知识的创新和顾客品牌知识的利用。企业对顾客的品牌知识定义、获取、存储、分享、利用以推动品牌进化，只有充分地获取和利用顾客品牌知识才能使品牌远离老化，实现创新。基于此，提出以下命题：

命题 3：品牌进化是企业适应顾客需求变化的重要手段，企业获取和利用顾客品牌知识的目的是促进品牌进化。

二、研究方法与案例背景

（一）研究方法

多案例研究是现代管理研究的重要方法。苯巴赛特（Benbasat I.）认为，多案例研究是在一定的环境条件下从多个实体对象收集数据资料以确定某种现象的研究方法。相对于单案例来说，多案例更有利于理论构建。顾客品牌知识是企业获取竞争优势的重要外部知识源，能否有效利用决定于企业的吸收能力。本部分基于吸收能力视角分析顾客品牌知识的获取、共享和利用，期望通过有效的顾客品牌知识管理提升企业品牌管理水平。由于通过吸收能力角度探索顾客品牌知识管理的微观机理的定量研究较为困难，本部分拟采用多案例研究的方法进行探索性研究，以解释企业吸收能力与顾客品牌知识管理之间的关系和相互作用的机理。基于多案例研究的"复制法则"，我们选取不同的企业案例进行归纳和整理，以验证所提出的理论。

为了保证本研究选取的案例具有代表性和研究价值，并保证案例研究的严谨和科学，结合研究的课题，本部分选取了有较强的中国本土企业管理的代表性的回族老字号企业作为案例研究对象，包括被评为中华老字号的宁夏敬义泰清真食品有限公司、兰州马子禄牛肉面有限公司和吴忠民族饭庄三个回族老字号企业作为案例研究的样本。

（二）数据分析与收集

为了更真实地反映样本案例的情况，根据殷（Yin）的研究，在案例研究中我们坚持三个原则：第一，使用多种来源的资料以保证资料的客观；第二，建立案例研究的资料库，包括访谈笔记、录音、外部文献资料、观察资料等；第三，建立研究结论和案例资料之间的证据链。基于这三个原则，本部分的研究步骤是：设计研究的问题；进行文献研究；选择样本案例；收集样本企业资料；深入样本企业访谈；样本企业数据分析；提出研究结论。在样本数据资料收集时，我们针对样本企业的高层管理人员（董事长、总经理）、中层管理人员（人力资源部经理、大堂经理、销售经理）

和企业顾客就顾客品牌知识、顾客意见的处理措施、企业对顾客品牌知识的吸收和使用等问题进行了面对面的半结构化访谈，在访谈之前研究者先与企业联系，将问题传给企业以做准备，与企业高层管理人员约定时间进行访谈，每次访谈时间 1~2 小时，访谈结束后迅速根据录音和记录进行文字整理并以电子邮件方式传给企业进行反馈沟通。访谈对象和访谈内容如表 7-1 所示。

表 7-1　访谈对象及内容

样本企业	访谈对象	访谈内容
宁夏敬义泰	总经理、副总经理、销售经理、顾客	①企业发展历史 ②企业对顾客意见的处理 ③企业对顾客的品牌知识的认识 ④企业产品改进和创新的途径 ⑤企业员工对外部知识的吸收能力 ⑥企业对顾客品牌知识的吸收、整合和使用能力
兰州马子禄牛肉面	总经理、大堂经理、顾客	
吴忠民族饭庄	董事长、总经理、人力资源部经理、顾客	

（三）案例背景

本部分选取的样本案例企业是研究者在 2012~2014 年调研的 14 家企业中具有代表性的 3 家企业。这 3 家企业成立时间较早（均超过 50 年），在甘宁青中心城市的回族聚居区有鲜明的区域民族特色。在长期的发展中，3 家企业都获得长足的发展，分别获得中华老字号企业称号，经过资料比较分析，可以较为清晰地反映顾客品牌知识管理与品牌进化关系，如表 7-2 所示。

表 7-2　样本案例的基本情况

样本企业	企业成立时间（年）	所处行业	企业规模（人）	所处地域
宁夏敬义泰	1862	食品加工	60	宁夏银川
兰州马子禄牛肉面	1954	餐饮	80	甘肃兰州
吴忠民族饭庄	1926	餐饮	120	宁夏吴忠

案例 1：宁夏敬义泰（略）。

案例 2：兰州马子禄牛肉面。1954 年，在兰州大众巷马子禄牛肉面饭馆成立，在国营企业体制下，依靠马子禄先生精湛的拉面绝活，采用独特的配方，使牛肉面汤汁浓郁，拉面筋斗，赢得了消费者的喜爱。2001 年“马子禄牛肉面有限责任公司”正式成立，经营面积 1000 平方米，员工 80 人，将牛肉面提升了一个新的档次，2006 年被评为中华老字号，企业获得快速发展。

案例 3：吴忠民族饭庄（略）。

三、案例分析与讨论

基于资料收集的原则，在本案例分析中，研究者获取的资料不仅来源于企业半结构化访谈，还包括企业内部的讲话、总结，相关企业评述性文章，企业网站资料，网络资料等。各种证据来源是彼此独立的，但对访谈资料起到重要的补充作用。相关资料形成一系列证据链，以增加案例研究中证据的信度。针对三个案例，我们采用归纳法，利用典型案例验证我们提出的理论框架，据此得出相应的对策。

（一）顾客品牌知识对企业的影响

在现代商业运营中，企业在市场上的成功依赖于内部知识经验与外部知识的整合。越来越多的实践表明，来自于顾客和竞争对手的知识推动着企业产品研发、品牌的创新。顾客品牌知识是企业外部的重要知识，是顾客品牌认知和品牌形象的综合，对推进品牌进化绩效具有重要影响。从三个样本案例的访谈中发现，顾客品牌知识主要表现为顾客的意见和建议，这符合一般企业对此问题的理解。综合访谈结果，显性品牌知识和隐性品牌知识是访谈讨论的核心范畴。

首先，访谈企业认为顾客品牌知识（比较明确的顾客的意见和建议）可以促进企业的新产品创新。在餐饮食品行业，企业的市场成功主要来自于顾客的认可，大量的顾客意见和建议可以推进产品的改进和创新。

其次，访谈企业认为顾客不明示的言行（隐性品牌知识）对提升企业服务产生重要影响。在餐饮食品行业，服务是品牌形象的重要表现。回族老字号企业在长期的发展中，服务方式、服务流程和服务形象都在不断改进之中，一方面是企业的传承，另一方面是顾客推动，企业通过与顾客的互动，汲取顾客的品牌知识从而不断促进品牌形象的创新。

最后，访谈企业认为借助于顾客品牌知识（明确的建议和消费习惯、偏好等），可以促进企业发掘市场机会，并实现价值创新。新兴市场机会的挖掘来自于企业敏锐的洞察力，更来自于顾客明确的建议和消费习惯、偏好，可以有效减少品牌运营风险，获得品牌进化绩效。传统的回族企业经营范围狭小，市场空间有限。但是回族老字号多年的品牌影响使经营范围不断扩大。新顾客的不断加入和顾客的互动使企业寻找到新的市场切入点，逐步超越了传统的业务流域。顾客品牌知识的流入促使企业及时捕获顾客新的需求偏好，并实现品牌价值的创新。由此，命题 1 为真命题，如表 7-3 所示。

表 7-3　样本案例企业对顾客品牌知识的重视程度引文例证

样本企业	引文例证
宁夏敬义泰	顾客意见很重要，像我们现在这种朝觐食品在伊斯兰地区一定符合民族习惯，这样顾客才认可；我们也经常到市场上去调研，收集顾客的意见；我们很重视顾客对老字号的评价；老字号要坚守传统，也要产品创新，这都需要顾客的参与。我们很注重顾客的消费行为
兰州马子禄牛肉面	我们在墙上挂了顾客意见簿，也经常与顾客交流，但是顾客流动比较大，这种交流也不多
吴忠民族饭庄	顾客的认可是做餐饮行业首要的保证；我们企业的产品创新和管理创新都要顺应顾客口味的变化；我们企业生存的关键是要保持民族特色；我们做的重要工作是将老顾客的生活喜好登记在册，逢年过节给老顾客发感谢短信

（二）知识吸收能力与企业外部知识的关系

知识吸收能力是企业获取、利用外部知识的能力，这种能力是相对的、动态变化的，需要企业长期的积累、培训和学习才能逐步具备，是影响企业创新和绩效的关键要素。一个企业过去的传统、知识、经验以及企业学习积累等知识基础决定知识能力。回族老字号企业在长期的企业发展中积累了大量的技术、经验，形成了较为鲜明的品牌形象。一方面，回族老字号企业通过不断的研发获得了较为雄厚的相关产品技术；另一方面，通过不断学习、交流、管理和服务获得了外部经验和知识，形成企业吸收外部知识的基础。从样本案例企业的调研资料看，每一个企业都非常重视吸收能力，通过培训、学习、相互学习交流、员工的知识传承促进企业自身知识吸收能力的提高。在三个案例中，结合最初的理论框架我们可以确定组织学习和培训、企业员工的经验和知识水平、社会性互动和相互关系是构成吸收能力的三个核心范畴。基于学习、经验和关系的吸收能力对顾客品牌知识具有决定性作用，命题 2 得到验证，如表 7–4 所示。

表 7–4 样本案例企业对吸收能力的重视程度引文例证

样本企业	引文例证
宁夏敬义泰	我们企业非常重视员工培训，新入职的员工都要接受专业的训练，掌握相应的技术，对企业文化有较为深入的了解；我们长期和高校的研究院所合作，这种灵感来自于我们民族地区的顾客，他们为我们提出了很多建议，使我们的朝觐食品能够有机会打入中东市场；我们企业是老字号，与老顾客搞好关系，加强交流有利于提高我们的管理水平
兰州马子禄牛肉面	对于餐饮企业来说，保持自身的特色很重要，但一定要适应本地市场的口味；我们很理解我们的顾客，我们经常做员工培训，但由于人员流动太快了，有时候跟不上；拉面还是保持正宗更重要。我们的老员工长期在这里工作，他们对顾客的口味很了解，这就是我们创新的来源
吴忠民族饭庄	我们对新招进来的服务员有严格的培训，要让他们理解我们的企业；员工的相互学习交流能够提高他们的服务水平；我们鼓励员工与顾客交流，多吸收他们的好意见和好点子；我们很重视老员工的传授知识，他们有很好的经验帮助企业改进产品

（三）顾客品牌知识管理与品牌进化的关系

顾客品牌知识不会直接创造绩效，必须依赖企业的吸收能力，基于吸收能力的顾客品牌知识管理能够协助企业内成员整合顾客品牌知识，并推进顾客品牌知识的积累、分享和利用。三个样本案例访谈表明，“传统”、“产品创新”、“顾客意见”、“顾客参与”、“顾客建议”等词是品牌进化创意访谈中关键词语，重复率很高。每一个企业都很重视品牌进化，尤其对产品创新很关注。产品创新来自传承和企业员工的研发，但顾客的品牌知识（顾客意见、顾客参与、顾客行为）是品牌进化的重要来源。企业在发展过程中都依靠组织学习、培训、长期积累的员工个人经验维系顾客关系，并形成知识吸收能力，深刻影响了顾客品牌知识的获取和使用。依靠企业知识吸收能力，在顾客品牌知识流入过程中，企业知识管理系统通过知识共享平台将顾客品牌知识与企业知识结合，转化为企业自有知识，成为品牌进化资源推动品牌进化。由此，命题 3 得到验证，如表 7-5 所示。

表 7-5　样本案例企业对顾客品牌知识与品牌进化关系的引文例证

样本企业	引文例证
宁夏敬义泰	老字号要坚守传统，也要产品创新，这都需要顾客的参与。顾客是改进产品最重要的来源；在宁夏这样的民族地区要处处考虑顾客的民族感受；顾客在生活中的一些新点子会成为企业开发新产品的来源；我觉得企业发展离不开顾客帮助；我们经常培训员工来吸收顾客的建议
兰州马子禄牛肉面	顾客会经常对我们的服务提很多意见，我们的改进就是适应顾客的变化；坚守传统是我们的特色，顾客也喜欢传统的老字号，因此我们的老店就是根据顾客意见装修的，很注重传统特色；在兰州，顾客吃拉面很挑剔，只要哪一点不对就会被顾客提出来，顾客是我们的（拉面）裁判
吴忠民族饭庄	现在的餐饮业竞争很激烈，不了解顾客肯定难以生存；老字号也要创新，一个企业要多听听顾客的意见；那些长期在这里消费的老者是我们产品改进的评判者；回族特色要由回族顾客说了算；我们经常要求服务员与顾客交流，了解顾客是否满意，有什么好建议，我们的一些新菜品就是这样创新出来的

第三节　基于顾客品牌知识管理的回族老字号品牌进化路径分析①

当代企业的品牌运营建立在知识流动的基础上。在以顾客为导向的时代，企业的品牌运营不仅关注企业内部自有知识的建立和提升上，更要关注顾客的品牌知识对企业品牌进化的影响。顾客品牌知识进化模型以企业品牌知识管理体系为平台，推动顾客品牌知识不断流入实现品牌进化，并通过品牌传播推动品牌知识流出以促进顾客品牌知识的进化，从而形成良性的品牌知识循环。

① 杨保军，黄志斌. 基于知识流视角的顾客品牌知识进化模型构建与应用［J］. 企业经济，2014（9）：9-13.

一、基于顾客品牌知识获取的品牌进化路径

每个企业经营都会面临科斯的“企业边界”问题。在传统的管理理论中，企业的边界由企业生产要素、组织要素构成，企业经营所需要的知识在企业内部流动，企业内外的边界是清晰的、明确的。但随着企业竞争环境的动态变化，速度、创新成为企业经营的关键要素，需要企业关注顾客需求的变化，不断学习来自外部的知识，获取顾客品牌知识以促进品牌进化。企业不仅仅局限于内部知识的流动，企业与顾客在互动中实现了知识流动，企业边界在知识流入和知识流出过程中逐步扩大，促进了企业知识管理水平的提升。在顾客品牌知识进化模型中，顾客品牌知识与企业知识相互渗透，形成了相互作用的知识管理体系。因此，企业获取顾客品牌知识，首先要构建学习型企业文化，建立吸纳顾客品牌知识的通道和流程，营造有利于促进顾客品牌知识流动的知识环境。其次要完善企业学习机制，营造学习导向型的企业文化，提升企业学习外部顾客品牌知识的学习能力。最后要加强企业培训教育、研发投入，通过学习培养员工开放的心智模式，通过研发建立企业品牌知识的共享机制。

二、基于顾客品牌知识积累与共享的品牌进化路径

在企业知识系统中，基于工作流，各个部门组织相互协同完成任务，企业在内部形成不同的知识主体，相互之间通过知识的建立、识别、传递、使用而产生价值，形成竞争优势。同时，企业与外界公共资源、顾客、竞争对手之间也会产生知识流动，每一个个体、组织都会形成一个知识驻点，不同的知识主体通过知识建立、积累、传播形成各类知识，通过顾客交流、技术交易、专题培训、互联网等沟通渠道，知识从一个主体转移到下一个主体，进而达到知识流，形成品牌共享。营销环境的变迁使品牌的内涵和形式不断创新才能适应顾客的需求。品牌进化的过程是企业共享顾客品牌知识流动的过程。在营销实践中，通过征求顾客意见、顾客参与、顾客调查等方式获取的顾客品牌知识是品牌进化的关键知识来源。当

来自外部的顾客品牌知识的流入与企业固有的内部知识交融后，基于企业内部的有效吸收更新了品牌理念、品牌形象，顾客品牌知识与企业内部知识共享，为品牌进化提供新的创意。顾客品牌知识流动与企业内部知识的共享程度、知识存量、品牌新知识的创造能力密切相关。因此，加强企业知识管理，建立吸纳顾客品牌知识流动的创新能力，促进知识共享是品牌进化的重要路径。

三、基于顾客品牌知识利用的品牌进化路径

顾客的品牌知识不是一成不变的，伴随着外部环境的变化、顾客认知的深入和企业品牌的传播，顾客的品牌知识也在不断进化。顾客品牌知识进化模型从知识流出角度展示了企业与顾客品牌知识变化的关系，揭示了企业对顾客品牌知识的利用以推动品牌进化。在营销实践中，建立顾客与企业之间的品牌联系是利用顾客品牌知识推动品牌进化的重要路径。浅层次的企业知识流出是通过商业广告、顾客体验、企业活动使消费者获得信息，实现品牌知识的缓慢进化。深层次的企业知识流出是建立品牌社群促进顾客品牌知识的进化。回族老字号利用传统的民族节日强化社区邻里关系，组成共享品牌社群以强化企业与顾客的联系，建立类似于社区的联系，增强顾客的忠诚度。在长期的品牌社群关系构建中，企业通过品牌体验、品牌文化、共同价值观、社群意识不断向消费者灌输品牌知识，构建企业知识流出的路径，实现顾客品牌知识流入与流出螺旋式上升，推动品牌的不断进化。

本章小结[①]

在以顾客为导向的时代，企业的品牌运营不仅关注企业内部自有知识的建立和提升，更关注顾客的品牌知识。伴随着市场竞争压力的增

① 杨保军，黄志斌. 吸收能力视角的顾客品牌知识管理模型构建——基于回族老字号的多案例分析 [J]. 中国流通经济，2014（8）：86-92.

大，推动品牌不断创新以适应顾客需求的变化成为企业运营的长期任务。知识吸收能力是获取、积累、共享和利用顾客品牌知识管理体系的核心要素，顾客品牌知识作为品牌进化的重要来源必须借助吸收能力才能发挥作用。

本章通过构建基于吸收能力的顾客品牌知识管理模型，将有效推动顾客品牌知识不断流入实现品牌进化。在企业知识动态积累的过程中，顾客品牌知识的识别、消化和利用的环节在企业内可能还很难详细区分，但基于知识吸收能力的顾客品牌知识模型建立在已有的文献和企业样本案例的基础上。这一理论模型，进一步厘清了理论框架中各部分和各变量之间的关系，对企业如何识别顾客品牌知识，如何促进知识流入和利用进行了理论说明，将有效地推进顾客品牌知识管理。基于回族老字号的多案例研究较为系统地分析了企业对顾客品牌知识、吸收能力以及顾客品牌知识管理的认知和操作，并在此基础上构建了理论模型。多案例的分析对理论模型的构建具有重复验证的作用，但在案例访谈中对相关概念的表述有一定的理解差异，这些有待于在后续的研究中逐步与企业沟通，并结合问卷调查资料应用定量分析方法加以深入研究，以提出更为科学的操作建议。

知识的类生物属性决定了知识的进化特质，从知识流视角认识顾客品牌知识进化模型有助于企业加强顾客关系管理，深入顾客交流和调研，准确了解顾客需求和品牌知识；构建品牌知识管理平台，形成品牌知识运行机制；推动品牌进化管理体系的运营，促进顾客品牌知识的流动和进化。本部分的研究仅从顾客品牌知识体系角度建立了相关的分析模型，在后续的研究中需要更细致地分析品牌知识的结构，结合定量分析方法分析品牌知识对品牌进化绩效的影响，以提出更为科学的操作建议。

第八章　基于外部知识源视角的品牌进化路径分析

外部知识能够提高企业的知识存量、刺激新知识创造、提供新的学习机会，扎根理论研究表明，企业外部知识是影响品牌进化的重要因素，合理利用外部知识对品牌进化具有重要意义。第七章分析了外部知识的重要内容——顾客品牌知识，从与企业合作关系角度说，竞争性外部知识和合作伙伴型外部知识同样为企业所重视，本章将讨论此问题。

第一节　企业外部知识源分析

一、企业外部知识构成

知识作为现代企业重要的战略性资源，深刻地影响着企业绩效水平。现代市场竞争使每个企业不仅要挖掘内部知识资源，更重要的是利用外部知识推动企业创新。学术界对外部知识的研究给予了较多的关注，鲍姆（Baum）等学者从成本与风险角度认为，外部知识的进入可以抵消内部学习和知识开发的成本与风险，提高知识积累。在这里，外部性是指企业的供应商、合作伙伴、大学、研究所甚至竞争对手等，企业或通过合作，或通过模仿、交流使创意、技术、市场等知识得以流动，从而形成了外部知识。学者 Laursen 等根据来源将外部知识划分为市场类、机构类、标准类以及其他类知识源，其中，市场类外部知识来自于用户、供应商、竞争对手、咨询机构等机构或个人，机构类外部知识来自于大学、研究机构、公共部门等，标准类外部知识来自于政府或行业机构颁布的各类技术、环境、健康安全标准，专业学术会议、数据库行业协会等知识则归属到其他类外部知识。这一划分涵盖了主要的外部知识来源，学术界应用率较高，是一篇重要的理论文献。

国内学者对外部知识的研究也给予较高重视。吴晓波等学者认为，对外部知识源的搜索策略是企业首要考虑的问题。刘敏等学者发现，外部知识获取对内部研发有显著的正相关关系，外部知识对产品创新具有重要的影响。杨学军等认为，应将研究的重点放在外部知识获取上，认为外部知识获取包括技术购买、技术联盟、技术并购等方式。赵洁、张宸璐认为，通过外部知识获取企业可以发现不足以实现突变创新。

知识是企业最有价值的资源，外部知识对企业技术能力提升、产品创新、品牌进化都具有显著的影响。在众多文献中，大部分学者认为外部知识对企业创新的影响、对企业绩效的影响都具有正向作用，但也有部分学者的研究认为，要根据企业的具体情况分析。由此，外部知识是指企业在与外部环境交流活动的过程中促进企业创新的知识源。供应商、竞争对手、公共机构、合作伙伴、大学及科研机构等都可以构成企业的外部知识源。从品牌营销角度看外部知识，来自供应商、顾客、咨询机构、技术部门等的知识都深刻影响着品牌的设计、传播和运营。根据奥斯陆手册 2005 年版的分类，外部知识可以做以下划分：第一类是外部知识，来自顾客、供应商、分销商、竞争对手、咨询公司的知识，企业通过引进、并购、合作联盟等方式获得；第二类是公共机构外部知识，来自大学或科研机构、政府公共部门、私人研究机构等，企业通过合作、交流、购买获得；第三类是外部综合信息知识，来自专业会议、行业协会、公共出版物、交易会等，企业通过交流、购买获得。在本研究中，顾客相对于品牌进化具有非常重要的意义，我们将其作为与外部知识并列的知识，即顾客品牌知识。其他类型我们根据与企业的关系分为两类：竞争性外部知识和伙伴型外部知识。其中，竞争性外部知识主要包括来自竞争对手的知识，企业可以通过合作、购买兼并、建立战略合作联盟等方式获得；伙伴型外部知识主要包括来自供应商、分销商、咨询机构、大学或科研机构、政府公共部门、私人研究机构等组织的知识，企业主要通过合作、交流、购买等方式获得。

二、企业外部知识源与品牌进化

品牌进化的过程是不断利用外部知识为顾客创造全新体验的过程。科特勒认为："一个产品在市场上的销售潜量和盈利率将随着时间的推移而变化。"由此提出产品生命周期理论，为品牌进化理论提供了重要的理论基础。每一个品牌都是由弱小逐步成长为强品牌的，在品牌成长过程中，由于市场的变迁、消费者生活方式和需求的变化、环境的影响，品牌的知名度、美誉度和品牌形象乃至品牌情感在顾客心目中逐渐发生变化，逐步从品牌导入进化到知晓品牌、知名品牌直至品牌退出，市场在不断促生着品牌进步也在淘汰着落伍的品牌，从而构成了一个系统的品牌进化生命周期。根据国内最早研究品牌生命周期理论的学者潘成云和黄嘉涛等的研究结论，从顾客认知视角出发，品牌从企业导入开始到品牌老化将品牌进化生命周期划分为四个阶段，即品牌导入阶段、品牌认知阶段、品牌美誉阶段和品牌老化阶段（再定位或衰退）阶段。如图 8-1 所示。

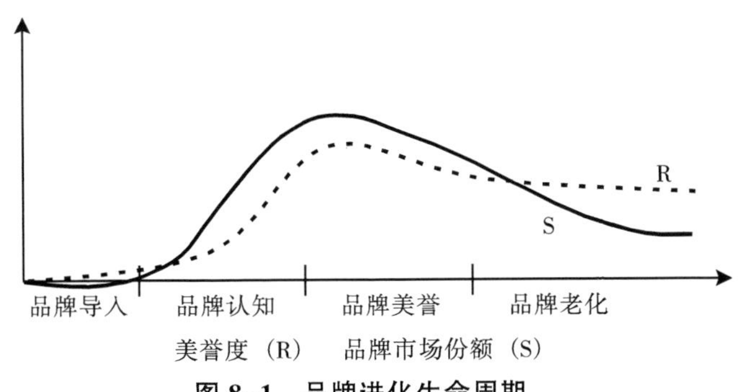

图 8-1　品牌进化生命周期

在品牌进化生命周期图中，横坐标表示品牌生命周期的四个阶段：第一阶段是品牌导入阶段，品牌初创时期，知名度和美誉度较低，市场份额较小。第二阶段是品牌认知阶段，这一阶段随着品牌的传播，市场份额迅速扩大，市场知名度和美誉度显著提高。第三阶段是品牌美誉阶段，这一阶段品牌成为名牌产品，美誉度较高，市场份额较大。第四阶段是品牌老化阶段，随着新的竞争对手的加入，原有品牌逐步被消费者抛弃，市场份额逐步减少，在这一阶段，品牌会走向两个分化——调整策略激活品牌、回升无望退出市场。用纵坐标表示美誉度和品牌市场份额，其中美誉度用 R 表示，市场份额用 S 表示，曲线 R 表示品牌美誉度的变化轨迹，曲线 S 表示品牌市场份额的变化轨迹。在各个品牌进化阶段，外部知识的获取和内部知识的分享利用促进品牌知名度和美誉度的上升，不断缔造着知名品牌的诞生。

（一）品牌导入阶段的外部知识源

品牌的基础是产品。当一个新产品进入市场后，承载着新的功能和对消费者的承诺，品牌的建立伴随着产品的导入被消费者所认知，涉及品牌理念的设计、品牌形象的打造以及众多品牌要素的设计。在品牌导入阶段，来自外部的顾客、供应商、竞争者、咨询公司的各种技术知识、市场知识被吸纳到企业中，成为品牌设计的支持元素。由于在品牌初创时期，企业的品牌知识网络还处于初等水平，与外部知识源连接的广度和深度都较低，大量的显性品牌知识被引入到企业中，隐性知识水平还较低。

（二）品牌认知阶段的外部知识源

在产品生命周期处于成长期时，企业核心任务是提升产品知名度，为更多消费者所认知。当品牌处于认知阶段时，产品已经逐步为消费者所熟悉，提升品牌知名度是处于认知阶段的品牌目标，表现为建立顾客口碑、增大广告传播力度、增强顾客记忆。外部知识源为企业逐步建立品牌与顾客的连接点，促进顾客知晓品牌，提升品牌知名度提供帮助。主要表现为：来自咨询公司提供的营销策划知识；来自顾客提供的市场知识；来自媒体合作机构提供的市场传播知识等。合作、购买都成为企业获取外部知识的重要方式。

（三）品牌美誉阶段的外部知识源

伴随着顾客对企业品牌认知程度的逐步加深，品牌的影响力逐步加大，知名度逐步升高，从一般品牌跃升为知名品牌。市场表现为消费者不断重复购买，对品牌评价越来越高，老顾客的忠诚度越来越高，新顾客在老顾客的影响下加入到品牌的购买队伍，在此状态下，品牌进化到美誉阶段，一个成熟品牌开始出现。企业通过不断技术更新，改进营销服务模式，以此维护品牌形象，应对市场竞争，保持品牌美誉度。此阶段的外部知识包括多方面，外部机构新技术知识的引入、市场知识的引入与分享，成为企业不断创新的重要力量。

（四）品牌老化阶段的外部知识源

品牌进化的过程是市场选择的过程，当消费者需求逐步发生变化，新技术的不断引入，市场新进入者不断加入，品牌的销售量、市场占有率下降，消费者态度转向时，品牌将走向进化的分水岭，通常称为品牌老化阶段。品牌老化是企业品牌进化的必然趋势，一方面，企业为了适应市场的需求，对品牌更新和再定位，包括研发新产品、重新打造新的品牌形象，建立与消费者互动沟通渠道等，进化到更高一级，如万宝路为了适应男性烟民的需求，从女士香烟变为男士香烟，成功实现了再定位；另一方面，当产品技术逐步老化，品牌形象难以挽救时，从市场退出成为品牌的最终归宿。品牌老化阶段是外部知识发挥作用的关键阶段，品牌再定位建立在企业深入市场调研，获取来自供应商、分销商、竞争对手、大学或科研机构等外部知识网络的专利、技术、设计方案或者新技术，从而实现品牌更新和再定位。

第二节　外部知识、品牌基因转移与品牌进化[①]

在开放的企业创新网络中，外部知识的获取、吸收和利用可以使企业不断获得市场资讯，掌握消费者需求的变化趋势，可推动企业内外部知识的交流和融合，促进品牌进化。

品牌是创造差异、赢取竞争优势的法宝，品牌被赋予了不同的个性。戴维·阿克认为，“品牌个性可以被定义为与给定品牌相联系的人格特质的组合。”每一个品牌的个性都从多方面体现出来，有些是与产品有关的，如产品质量、产品种类、产品包装、产品价格等，有些是与产品没有直接联系的特征，如价值观、产品推广方式、公司文化、产品代言人、使用者形象、品牌年龄、公司形象、产地、品牌标识，它们都成为品牌个性的推动力。但从根本上说，品牌基因是决定品牌个性的关键因素。每一个品牌都包含着丰富的内涵，品牌与产品性能有关，也可以是更加象征性、情绪化和无形的，即与品牌所代表的事物有关。从基因视角看，这些相关的因素可以称为品牌基因，是附着在产品上的、在品牌经营中具有显著的文化表征和遗传特征的知识体系，品牌基因在企业内或不同企业之间的转移推动着品牌的创新和发展。中华老字号历经上百年的传承，具有显著的民族和区域文化特征，也具有较为稳定的品牌基因体系。在多年的传承过程中，有些老字号品牌发展缓慢，而有些老字号迅速跟上市场需求实现了品牌的快速成长。基于品牌基因转移视角分析老字号品牌进化问题，将为我

① 杨保军. 基于基因转移理论的老字号品牌进化路径探索［J］. 重庆工商大学学报（社会科学版），2014（2）：34-39.

们提供新的思路。

一、品牌基因转移基本含义

现代生物学研究表明，基因是生物遗传信息传递和性状分化发育的依据，它含有特定的遗传信息，是遗传物质的最小功能和结构单位，具有重组、突变、转录或对其他基因起调控作用的遗传学功能。借用生物学的概念，可以将企业视为一个生命体，企业也会具有和生物一样的基因。1982年，美国经济学家纳尔逊和温特在《经济变迁的演化理论》一书中第一次用基因概念分析了企业管理问题，他们认为惯例在企业中具有类似基因的功能。Gary Hawel 和 C.K.Prahalad 在他们的名著《竞争大未来》中进一步提出了“公司遗传基因”的概念。温克勒（1999）指出，品牌生态环境是一个复杂、充满活力并不断变化的有机组织，并随着品牌生态学研究的兴起，由此开启了品牌基因的研究。戴维·阿克、菲利普·科特勒等学者分别从各自的角度对品牌个性进行研究，国内学者薛可、余明阳、陈飞荣等分别从品牌的产品基因、文化基因角度进行了研究。整体上，对品牌基因的概念、品牌基因转移、品牌基因进化的研究尚处于探索中。

品牌通过产品基因表现为产品功能和产品结构，并表达自己的个性和价值理念，通过文化基因表现为品牌文化的独特性，最终给消费者带来品牌归属感。由于品牌基因在产品和文化设计知识表示、变化以及重组方面具有很大灵活性，使其在品牌塑造、品牌成长和品牌创新方面显示出巨大潜力，形成各具生命力的品牌生态。品牌基因是品牌的核心价值，是一个企业长期经营赋予品牌的较为稳定的一种独特价值主张，一种特质和符号。品牌基因通常是附着在产品上的，在品牌经营中具有显著的文化表征，在市场中形成了品牌的差异。

那么，品牌基因是如何进化的，其进化的动力是什么？在现代生物学中，基因转移是将外源性的目的基因通过特定的方法引入受体生物或细胞，并检测其在转化细胞中表达结果的一种生物学技术。在传统生物学中，垂直转移是基因通过垂直的父代向子代遗传，是亲代将遗传物质传递给子代，保证了物种的延续。经典遗传学是在染色体的水平上着重研究真核生物遗传物质纵向传递规律。当遗传学进入分子时代后，依然是基于纵向的传递方向研究 DNA 复制和基因突变等现象，进化是后代发生的遗传变异。随着生物技术的发展，基因不仅可以通过垂直遗传转移，也可以通过水平转移，也就是说，在差异生物个体之间，也可以进行遗传物质的交流，称为基因水平转移。许多生物学的遗传事件为基因水平转移提供了依据。基因水平转移提出了全新的遗传理论，实现了不同物种之间遗传物质的交流，使适应环境的优良基因能够快速地在生物中保存下来，大大促进了生物进化的速度，基因转移理论为研究品牌进化路径提供了重要的思路。

二、品牌基因的转移与品牌进化关系

（一）品牌基因的垂直转移与品牌传承

基因的垂直转移实质上是生物学的遗传。遗传学认为，自然界中的生物都有着遗传与变异的现象。遗传是亲代与子代以及子代各个个体之间相似的现象，遗传保证了生物的基本特征在世代之间的传递和延续，变异则是世代出现了差异的现象，基因是遗传和变异的决定因素。在生态环境的影响下，基因进行重组和变异决定了生物子代的形态和性质，促使生物不断适应自然界的选择，通过遗传一代一代积累而保留下来。品牌基因与生物基因相似。每一个品牌在其发展历史中也经历着更新换代以适应市场的需要。在品牌的更新换代过程中，品牌基因起到了关键作用。虽然品牌的设计是人为的，但在市场的强大作用下，品牌基因必须通过不断适应不同的市场需求，选择有利的变异保留下来，这种变异是一个不断优化的过程，不断推动着品牌的创新。英荷皇家壳牌集团成立于 1907 年，在 100 多年里，公司品牌标识经历了十余次的变迁，由最初的贝壳进化到现在的简约流线形标识，但品牌标识在不断变迁创新中始终坚持视觉一致性和传达统一化，巧妙地保持了贝壳基因，使品牌基因得以世代遗传下去。

品牌基因的垂直转移实质上是凝结在品牌上的有遗传价值的品牌信

息，通过一代一代的传承而得以继承和保留，推动着品牌的发展，使品牌在变迁过程中保持着原有的品牌信息，显示出品牌的连贯性。在品牌进化的大背景下思考品牌的垂直转移可以看出，每一个品牌在不断地适应与创新过程中既有继承也有创新。继承是品牌的某个或几个特性基因元素作为显性基因提取出来作为核心技术被传承的过程，如通常所说的秘方、某种设计形式、某种品牌文化或品牌风格由于企业长期的经营和积累已经在消费者心目中形成固定的形象，成为重要的垂直转移的基因。长城润滑油从服务和支持航天事业开始，品牌成长始终和航天科技连在一起，在消费者心目中树立了航天技术的品牌形象，航天科技成为长城润滑油的品牌基因而得以传承。虽然在一定的市场条件下品牌可以表现出稳定的品牌个性，但随着市场竞争的深入，每一个品牌必须适应变化的市场环境，基于消费观念和行为变迁，影响品牌的外源性因素的引入，品牌基因为适应市场环境而在遗传过程中变异，主要表现为：

（1）基因突变式的变异创新，指品牌基因基于企业内在的重大变革调整或者受到外源性因素的重大影响，突破原有理念的束缚，形成变异创新。小肥羊火锅被美国百胜（BAS）收购后，企业品牌由于这一重大变革，新的外源性因素的引入（管理模式）而实现品牌创新就是这一类型。

（2）渐进式的变异创新，指品牌基因在传承过程中逐步融合新的理念，或者为适应消费者的需求而自我改造和自我创新，进而实现品牌基因的创新。联想品牌在适应市场过程中从品牌标识到品牌理念的国际化显示了这种渐进式的变异创新。

综上所述，遗传和变异是品牌基因垂直转移的两个关键特征，基于遗传继承了品牌特有的基因元素，基于变异实现了品牌创新；遗传的变异最终推动了品牌进化，品牌基因的垂直转移成为重要的品牌进化路径。

（二）品牌基因水平转移与品牌进化

基因的垂直转移一直是传统的遗传学研究对象。但是在1959年，生物学家发现抗性质粒可以在不同菌种间转移，这实际上宣告了野生型菌株间存在着基因水平转移，差异生物个体之间有遗传物质的交流，这是生物学界的重大发现。通过基因水平转移可以加快基因的进化速度，促进生物的进化。

生物种群在生态系统进化过程中的相互作用包括两类：一类是负相互作用，包括竞争、偏害、兼并和寄生等；另一类是正相互作用，包括偏利共生和互利共生等。无论是竞争关系还是共生关系，都会通过相互适应以实现进化。企业的竞争关系同样如此，迈克尔·波特认为，企业的竞争对手有好的竞争对手，也有坏的竞争对手。好的竞争对手通过相互调节以适应环境的变化，坏的竞争对手破坏竞争平衡使市场出现恶性竞争。在品牌生态系统中，品牌之间不仅是相互竞争的关系，也是通过品牌定位形成的互补和替代的关系以实现生态环境的动态平衡。一个品牌的进化必然会引起其他品牌的适应性变化，这种适应性变化通过品牌之间的相互学习、借鉴和模仿而延续，如企业之间相互模仿，雇用竞争对手雇员或者从咨询公司中购买某种技术或营销方案等，都促使专业知识扩散，企业从竞争对手那里获得了自身品牌建设过程中没有的元素。也就是说，品牌之间相互学习，其他品牌的产品基因或者文化基因之间通过模仿和借鉴融入到原有的基因结构中，从而形成新的品牌基因，这就是品牌基因的水平转移，其目的是实现品牌竞争力的提升。品牌基因水平转移在品牌进化中是一种重要的推动力量，品牌基因水平转移可以使不同类型的产品基因和文化基因通过学习及借鉴在不同的品牌之间进行多个方向的转移，直接影响品牌的表现，产生新的品牌内涵。品牌基因的水平转移方式通过品牌合作、品牌战略联盟等方式实现。联想集团并购 IBM 的 PC 业务是品牌基因水平转移的典型案例，从目前的经营绩效看，通过并购，联想获得了 IBM 的产品技术和品牌声誉，从而使联想从低端产品生产商一跃成为高端 PC 产品生产企业，实现了品牌竞争力的提升。对一些新进入市场的品牌来说，基因水平转移无疑是实现品牌快速进化的关键路径。

第三节　基于企业外部知识管理的品牌进化路径分析

品牌基因转移理论为我们分析品牌进化提供了新的思路，品牌通过长期的竞争经验积累和传承获得发展，通过品牌基因的垂直转移实现进化。但是在今天的竞争激烈的市场中，固守传统的品牌经验可能跟不上市场需求的速度，还需要企业通过品牌合作、品牌兼并、品牌连锁等方式实现品牌基因的水平转移，推进品牌的快速进化。

一、基于外部知识获取的品牌进化路径

对于绝大多数老字号品牌来说，文化构成了品牌基因的核心元素。“基因和文化由一条具有伸缩性而又不可断掉的纽带联结在一起。随着文化的汹涌向前——通过来自外部的发明、新思想和新人工产品的引入——它在某种程度上受到基因的制约和指导。与此同时，文化发明的压力，也影响着基因的生存，最终改变着遗传纽带的强度和扭力。”基于回族老字号企业的实践表明，文化不仅能够提升品牌的市场竞争力，更是品牌基因的核心内涵。在长期的品牌经营中，基于特定的地域、特定宗教民俗形成了老字号固有的文化特质，与消费者建立了较高的情感联系、文化认知。促进回族老字号品牌进化，一是通过基因垂直转移，继承优秀的品牌文化传统；二是加强合作，借助合作伙伴的外部知识对品牌文化进行创新，实现品牌活化，促进品牌进化。

品牌的异质性的关键决定因素是品牌基因，品牌基因实质是企业品牌拥有的专有知识在企业内部的保存，由此形成了品牌异质性的微观基础。决定品牌基因的专有知识包括企业拥有的特殊技术与方法，企业组织与文化的管理方法等。这些专有知识，一方面来自于企业内部的知识共享，如

企业的继承、员工的创造、管理的创新、品牌文化的养成等；另一方面来自于企业与外部的知识共享，如向企业外部的大学、研究机构、咨询机构、其他企业的学习、借鉴和模仿等。企业向外部学习的专有知识在企业内部经过消化吸收，同样可以成为企业品牌创新的来源，形成差异化的品牌基因。美国学者在对已有的文献进行梳理的基础上，将创新定义为一个过程，在这个过程中，企业从内部或外部获取市场知识和技术知识，将这些知识整合起来获得新的创意，并将这些创意与相应的资源结合起来，为市场创造出有价值的产品。

从品牌基因转移角度看，企业向外部市场获取市场知识和技术知识的过程实质是品牌基因水平转移。品牌基因水平转移的主要来源包括三个方面：首先是企业上下游产业链成员的品牌基因，可以为企业品牌基因的培育提供关于顾客偏好、市场需求的知识以及顾客社群的知识；其次是竞争对手或相关企业的品牌基因可以为企业提供市场需求、关键技术、管理理念等方面的信息，一般的信息可以通过电讯方式转移，关键技术等较为复杂的隐性知识，需要企业通过知识员工流动、送员工外出学习、模仿或者建立合作关系等方式实现品牌基因的水平转移；最后是大学、科研院所、咨询公司、中介机构的品牌基因，这些机构为企业提供高质量的人才、市场情报、新技术等信息。在长期经营中，许多老字号企业注重品牌基因垂直转移，即技术和文化传承，而忽视了品牌基因的水平转移，一直处于缓慢发展的阶段。但是也有一些老字号注重建立企业之间的良好合作关系，向竞争对手或者不同市场的同行学习，获取了相关的品牌基因的信息、知识，从而对自己原有的品牌基因——秘方不断吸收创新，推进了品牌进化，创造出流传广泛的金字招牌和品牌影响力。

二、基于外部知识利用的品牌进化路径

秘方是老字号产品得以发展的重要组成部分，许多老字号在多年的经营中逐步形成独特的产品生产、加工方法，成为吸引顾客的重要法宝，这构成老字号的产品基因。产品基因具有遗传性、变异性和自组织和自适应

性。资料表明，北京 14 家老字号中有 10 家自创业时就一直从事一种或一类产品与服务的经营，只有 4 家有一些延伸和变化。长期生产经营积累的产品基因蕴含了丰富的内涵，使许多老字号历经百年而不衰。生物的成长决定于基因的转移，关键是基因的垂直转移的效率。从品牌生态的角度看，品牌进化的关键是产品基因在发展过程中垂直转移的效率。老字号品牌的进化首先是老字号产品基因垂直转移的过程。老字号的传承一般在企业内部进行，基于产品制造或经营的秘方在某种严格的程序中被新一代的继承者承继，产品基因也比较严格的遗传下来，后代的继承者保持了秘方的工艺，并以此吸引顾客。回族老字号案例研究表明，单纯依靠原有的秘方工艺不加以创新是难以持续地吸引到新顾客参与的。因此，企业必须通过对外部合作伙伴的知识利用和共享，对原有工艺进行创新，使已有产品基因发生有利变异，形成新的产品，这是产品基因的继承和发展。这种对外部知识的共享利用是对老字号产品基因的继承与发展，是推动品牌进化的重要力量。

三、基于品牌战略联盟的品牌进化路径

品牌基因的水平转移不仅取决于被转移者的吸收能力，也取决于转移者的合作意愿。如果专有的品牌基因成为竞争优势的来源，那么，企业可能不会有意愿将知识转让出去。这样，需要企业之间进行品牌战略联盟，以实现品牌基因的水平转移。品牌战略联盟在 20 世纪 80 年代就已经开始研究，李启庚从知识转移角度对品牌战略联盟定义为，企业之间利用对方品牌优势互相学习、资源分享、风险分担的一种重要合作形式。每个品牌都需要进化以适应市场的需要，如前所述，缓慢的品牌基因垂直转移影响了品牌的成长，通过品牌战略联盟可以实现品牌基因水平转移，从而推动品牌快速发展。

品牌战略联盟内部，品牌基因在契约控制机制和信任机制的作用下，通过一定的传播媒介在企业之间扩散及共享，这种水平转移不是简单的传播，而是将不同的品牌基因拥有的专有知识共享、整合，接受转移的品牌

基于获取技术资源、市场竞争的需要或者组织学习的需要，希望能在知识交流与互动中提高品牌的学习能力和创新能力，从而形成新的品牌基因，实现品牌进化。品牌战略联盟是促使品牌基因水平转移的组织保证。对于老字号品牌，通过品牌战略联盟可以学习优秀企业的技术、企业文化、组织与管理理念，推动品牌发展。

本章小结

在知识经济背景下，企业竞争日趋激烈，消费需求多元化和个性化对企业提出了新的挑战。企业品牌生命周期越来越短，品牌形象和品牌理念需要不断进化才能适应市场需求，这需要企业有效利用外部知识以应对市场的竞争。本章基于外部知识构成的分析，从来源角度探索了影响品牌进化的外部知识的分类。研究表明，品牌进化不仅依赖企业自有知识创新，更需要来自市场、合作伙伴、竞争对手的外部知识。

本章引入品牌进化生命周期理论，分析了处于不同生命周期阶段对外部知识源的需求。品牌基因是品牌的核心价值，反映品牌的个性特质，外部知识深刻地影响着品牌基因的传承和变异。基于品牌基因转移理论分析了竞争性外部知识和伙伴型外部知识对品牌进化的影响，品牌基因的垂直转移促进了品牌传承，品牌基因的水平转移促进了品牌之间的学习和交流，推进了品牌创新与进化，由此提出基于外部知识管理的品牌进化路径。回族老字号在发展过程中，一方面依靠父代与子代的传承保持了产品与服务质量，另一方面也在长期发展中借鉴外部知识实现了产品与服务的创新，共同推动着品牌的进化。

第九章　知识管理、品牌进化与进化绩效的实证研究

市场竞争的加剧促使企业品牌之间的较量不仅仅是名称和标识，而是品牌背后的知识和能力。著名品牌管理学者 Richards Ian（1998）认为，“品牌是典型的知识。”苹果品牌的不断演进、联想品牌标识的变化说明了成长的公司源源不断的进化力量，这种力量就是基于知识的品牌进化，推动着品牌在发展中不断更新知识，加强知识管理，促使品牌在不断进化中实现创新和市场绩效的提升。研究表明，来自企业内部知识、顾客的品牌知识和外部合作伙伴相关知识对品牌进化产生着深刻的影响，决定了企业必须不断加强知识管理以推动品牌进化才能得到市场的认同。前几章中基于案例分析的方法着重分析了基于企业内外部知识的品牌进化路径。基于知识管理的品牌进化路径之间相关关系、品牌进化路径与品牌进化绩效之间相关关系等都需要实证来验证，本章将根据第四章确定的数据来源利用结构方程模型进行实证研究。

第一节　研究假设

知识管理与创新关系的研究是近年来学术界研究的重要方向，包括知

识管理与管理创新，知识管理与技术创新 ，知识管理与创新能力，顾客知识管理与创新绩效等方面的研究。知识管理是企业系统的获取、储存、共享和应用知识的过程，反映企业管理知识的方式、途径和活动。企业知识管理是一个动态的过程，对企业提高知识应用能力，促进知识创新和进化，提升企业资源利用效率具有重要作用。基于 Richards Ian 的品牌知识的重要观点，企业知识管理对品牌进化将产生重要的影响。

一、企业内部知识管理与品牌进化

每个企业员工个体都是一定知识的载体，员工通过学习与交流使知识在企业内部流动，从而促使企业内部知识共享，提升企业绩效。从知识管理角度看，员工个体知识到团队知识，再到组织知识是一个艰难转化的过程。企业内部显性知识可以为大家所熟悉和掌握，如规章制度、图书报告资料、机器设备上的说明，但隐藏在员工头脑中的隐性知识需要企业进行系统的知识管理促进其转化。前面研究表明，作为隐藏在员工头脑中的文化知识、技术知识、管理知识与品牌进化存在着密切关系。加强企业文化知识、技术知识、管理知识的内部知识管理将有效促进品牌知识进化。张燚等基于远东控股集团的案例证实了企业文化与价值承诺显著地正向影响品牌成长。在企业实际运营中，员工的价值和经营理念、企业内部共同的工作语言、员工之间的知识交流以及独特的企业文化都会形成差异化品牌形象，从而影响着品牌的市场绩效。同时，在一个动态的市场环境中，企业内部文化的变迁也会进一步推动品牌进化。从技术角度看，企业通过技术知识管理，如经验传授、员工培训等方式实现专有技术知识的共享，技术与品牌是支撑企业发展两个的车轮。技术与品牌之间相互促进，相互耦合，实现了企业发展。技术知识管理促进品牌进化。知识是分布在员工头脑中的散乱的状态，企业必须通过一定的制度方式进行管理才能发挥出更大的作用。企业在品牌运作过程中长期形成的品牌管理规章制度、流程以及建构在制度基础上的品牌管理经验，形成了独特的企业管理知识，推动着品牌不断进化成长。学者 Gapp 和 Merrilees 通过澳大利亚昆士兰州的医疗机构案例研究表明，在品牌获得客户和市场的认可方面，员工的参与是至关重要的，可以提升品牌的竞争力优势。

在第五章中通过案例研究提出了企业内部知识是影响品牌进化的重要因素，因此，加强企业内部知识管理可以有效推动品牌进化。基于此我们提出如下假设：

H1：企业内部知识管理能够对品牌进化产生正向显著性影响。

H1a：企业文化知识管理能够对品牌进化产生正向显著性影响。

H1b：企业技术创新知识管理能够对品牌进化产生正向显著性影响。

H1c：企业管理知识管理能够对品牌进化产生正向显著性影响。

二、顾客品牌知识管理与品牌进化

顾客品牌知识的提出对建立品牌认知度和品牌形象具有重要影响。顾客的知识、经验、期望的复杂性决定了对品牌知识的研究不能仅仅停留在概念上，更重要的是解决顾客品牌知识对品牌决策有何影响，对品牌进化如何推动的问题。王海忠基于京、沪、穗三地的顾客访谈数据认为，“顾客品牌知识是品牌资产的核心元素”，并根据对品牌知识的认识提出了中国企业的营销战略。面对国外品牌的激烈竞争，中国品牌必须到顾客中了解顾客的消费习惯、兴趣偏好以及决定购买决策的品牌知识。

品牌知识管理是对顾客品牌知识进行的各种管理活动，是企业动态地获取、共享和整合顾客所具有的各种品牌知识的过程。Richards Ian 认为，品牌知识管理的关键是对顾客隐性知识的管理。客户知识管理是有效地获取、发展与维系有利客户组合的知识与经验。品牌知识管理是对顾客品牌显性和隐性知识的获取、共享和利用。开展综合性的品牌知识管理有利于促进企业营销产出水平，使品牌适应营销环境。基于外部的顾客品牌知识通过企业知识管理体系进入到企业，可以深入影响企业内部知识，实现知识学习和共享，从而推动品牌运营水平和品牌形象的提升。

顾客的产品知识是顾客对产品物理属性的认知，顾客对产品的款式、品种乃至技术知识的了解形成了对品牌功能属性的评价。回族老字号在品牌运营过程中，基于地域的独特性使品牌保持了独特、正宗的品牌形象，获得了顾客对品牌较高的功能评价，从而在品牌进化中获得市场先机。顾客与企业接触的过程即是互动的过程，在不断深入接触过程中，顾客与企业沟通及体验深入促进了品牌熟悉和品牌关系的提升。从回族老字号调研看，长期的企业经营促进了顾客对老字号品牌熟悉，顾客对老字号产品的认知以及对产品和服务方式的细微变化都能够感知并提出自己的建议，这种建立在消费知识和经验的品牌关系加深了顾客对品牌的情感，将有效提升品牌价值。消费者对品牌的赞同与排斥不仅决定于顾客对产品知识和消费经验，也决定于企业品牌形象。企业对品牌形象传播反映了品牌社会声誉，也影响了消费者对品牌形象的评价。因此，加强顾客品牌形象知识管理，建立顾客对品牌个性、品牌象征的良好评价将有利于推动品牌进化。

第六章通过案例研究探索了顾客品牌知识对品牌进化的影响，基于上述分析，本研究提出假设：

H2：顾客品牌知识管理对企业品牌进化产生显著的正向影响。

H2a：顾客的产品知识管理对企业品牌进化产生显著的正向影响。

H2b：顾客的消费知识与经验的管理对企业品牌进化产生显著的正向影响。

H2c：顾客的品牌形象知识管理对企业品牌进化产生显著的正向影响。

三、外部知识管理与品牌进化

基于外包、并购、联盟、学习获得来自供应商、竞争对手的外部知识也是营销创新的重要来源。加强外部知识管理可以获得研发产品的创意，提升产品开发的专业技术，促进品牌进化。因此，外部知识管理可以弥补企业自身的知识位差，吸收来自外部的知识源为企业品牌进化做准备。来自竞争对手的产品技术知识、管理知识等竞争性外部知识，通过并购、联盟等方式获取品牌成长所需要的知识和能力。来自企业外部的供应商、高校、科研院校、外部专家合作伙伴等伙伴型外部知识是企业在产品研发、品牌进化中必需的知识，企业通过外包、建立合作关系、培训学习等方式获得，品牌合作实质是知识的合作，通过品牌联盟推动品牌技术的进步。

在第七章中基于品牌基因转移理论论证了企业外部知识对品牌进化的影响，由以上论述我们可以进一步提出以下假设：

H3：企业外部知识管理能够对品牌进化产生正向显著性影响。

H3a：竞争性外部知识管理对品牌进化产生正向显著性影响。

H3b：伙伴型外部知识管理对品牌进化产生正向显著性影响。

四、企业内部知识管理与进化绩效

知识管理的实质是获取知识、促进知识学习和创新的过程。日本学者野中郁次郎（Nonaka，1994）的 SECI 模型，深入地阐释了知识获取对知识创新的作用，建立了知识管理与知识创新之间的关系。企业通过内部知识的管理将储存于企业员工、技术骨干、管理人员等知识驻点的知识关联起来，建立有效的激励机制、良好的企业文化、优良的组织管理形式，发掘企业内部的知识，通过学习交流实现知识的共享，并不断创造出新的知识点，产生创新绩效。从企业内部知识管理角度，技术知识、企业文化知识和企业管理知识是构成企业内部知识的三个关键要素，推动着品牌的进化。从绩效管理角度，有效利用企业内部知识资源，实现知识转移可以获得最大的创新绩效。创新绩效是对企业创新的效率和效果的评价，学术界对品牌在市场中取得的绩效通常用品牌绩效表示。为了更清楚地表明品牌在进化过程中取得的绩效我们专门使用了“进化绩效”的概念，表示品牌在进化过程中所获得的市场绩效和财务绩效。市场绩效包括品牌的市场知名度、美誉度、市场份额和顾客口碑，反映品牌产品相对于竞争对手的市场地位；财务绩效包括品牌产品的销售收入和盈利能力，反映产品在品牌的影响下获得财务收益。品牌从小到大的进化历程中，每一步都引起市场反应和企业财务的变化。我们借用 Young 和 Rubicam 公司品牌资产评估系统（BAV）中的两个指标品牌强度及品牌地位描述品牌进化。伴随着品牌进化，品牌在市场中的差异性逐渐增强，逐步被消费者所认同、熟悉和尊重，品牌地位也得到增强，如果用市场绩效反映，则表现为品牌知名度和美誉度的增强。用财务绩效分析，则表现为品牌产品的销售收入和盈利能力增强。由此，可以提出如下假设：

H4：企业内部知识管理能够对进化绩效产生正向显著性影响。

五、顾客品牌知识管理与进化绩效

企业品牌的成长不仅依赖企业自身资源和能力，来自外部顾客的品牌知识同样推进品牌的创新与发展。快速增长的背后是对顾客激烈争取的过程，顾客需求主导着品牌进化的内涵和方向，使企业必须关注顾客的品牌知识，以实现企业品牌的进化绩效。从知识管理角度看，企业通过品牌知识的获取、共享和利用，为品牌进化获得资源，从而不断提升品牌的市场影响力，获得财务绩效。王海忠（2006）基于京、沪、穗三地消费者焦点组访谈描绘出中国消费者的品牌知识结构图，从中国文化背景角度分析了品牌知识管理的思路。品牌知识管理对推进品牌进化绩效具有重要意义。Cohen 和 Levinthal（1990）认为，一个公司的价值就是具备认识到新的外部信息，吸收它，并把它应用到商业目的的创新能力。在品牌进化过程中，品牌名称、品牌形象、品牌个性的打造，具体到品牌产品的创意、品牌服务的设计，品牌知识都起到重要作用。通过构建品牌进化的管理平台，企业可以将外部顾客的品牌知识资源进行收集、传播并有效利用，将外部知识转换为企业自有的知识，为品牌进化提供理念、方向、技术和设计新思路等，有效的市场信息促进品牌营销的成功，品牌知识通过品牌进化重新组合，在市场中取得市场占有率、市场知名度、顾客忠诚度以及市场绩效的提升，并最终获得可观的财务绩效。基于上述分析提出以下假设：

H5：品牌知识管理能够对进化绩效产生正向显著性影响。

六、企业外部知识管理与进化绩效

企业内部知识的流动促进企业形成独特的企业文化和管理制度，并推动企业产品技术的进步，形成独特的品牌个性。但企业不可能生存在信息的孤岛上，需要外部知识的流入以推动内外部知识的获取、共享和利用，以提升品牌进化绩效。外部知识管理对企业创新绩效的影响已有众多学者进行了研究，Volberda 等从吸收能力视角研究了外部知识获取对保持持续竞争优势的作用。国内学者程聪等基于 436 家企业样本调查得出结论，企业外部技术知识流入对产品创新绩效具有正向作用。外部知识的获取、共享和使用可以提高企业知识存量，促进企业技术知识等隐性知识流动，从而使企业在知识交换和分享中获取竞争优势，因此，众多的研究对企业外部知识管理对企业创新绩效的影响持有赞同观点。品牌进化是企业成长发展的重要组成部分，来自竞争对手与企业伙伴的外部知识流入推动了品牌技术知识交流和共享及产品创新，由此提升了品牌进化绩效。因此，提出如下假设：

H6：企业外部知识管理能够对进化绩效产生正向显著性影响。

七、品牌进化与进化绩效

进化绩效涉及品牌进化过程的每个环节，品牌进化的最终成果都会反映到进化绩效上。在品牌动态变迁的过程中，伴随着顾客需求的变化，企业吸收内外部知识和顾客品牌知识，获得市场认同，品牌市场占有率、品牌知名度与美誉度逐步提升，品牌获得利润与销售额逐步增加。因此，品牌进化与品牌在市场中获得的绩效密切相关。对品牌进化与绩效之间的关系，学术界的论述不多，张婧从品牌价值共创角度分析了对品牌绩效的正向影响。从知识管理角度理解的品牌进化应包括三个方面：企业内部知识进化、顾客品牌知识进化、企业外部知识进化，这三者对进化绩效产生重要影响。根据已有的论述，提出如下假设：

H7：品牌进化对进化绩效产生显著的正向影响。

H7a：企业内部知识进化对进化绩效产生显著影响。

H7b：顾客品牌知识进化对进化绩效产生显著影响。

H7c：企业外部知识进化对进化绩效产生显著影响。

H8：品牌进化是企业知识管理与进化绩效之间的中介变量。

第二节 研究设计

一、假设结构模型

在第三章中，根据扎根理论构建了品牌进化模型，在此基础上根据以上论述，提出如下结构模型，如图 9-1 所示。在该结构模型中品牌进化绩效受到以下路径方式的影响：①品牌进化对进化绩效产生直接的影响；②企业内部知识管理、顾客品牌知识管理、企业外部知识管理对品牌进化产生直接效应；③品牌进化在企业知识管理与进化绩效之间具有中介变量的作用。

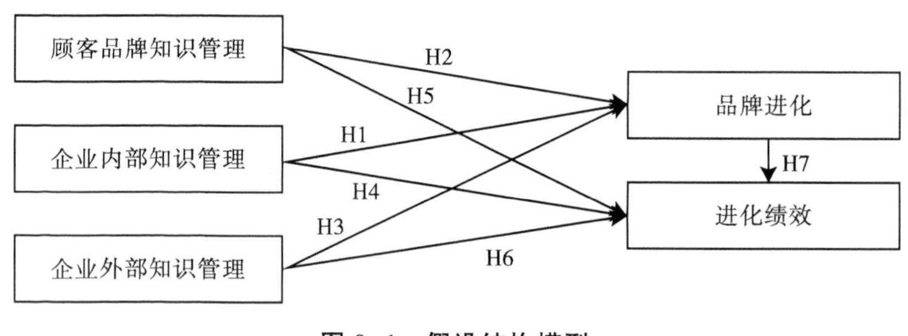

图 9-1 假设结构模型

二、量表信度与效度分析

根据本项研究的目的，问卷内容包括顾客品牌知识管理、企业内部知识管理、企业外部知识管理、品牌进化、进化绩效五个方面的调查项目。根据第四章调查结果，我们做以下信度和效度检验。

量表设计参考了学者李怀祖的量表设计原则，在第五章中详细分析了量表设计、数据来源的内容，由于本研究的课题是回族老字号企业，考虑调查对象的文化水平，对相关问题的理解能力，问卷根据研究的内容与部分学者进行了研讨，进行了适当的修订。由于顾客品牌知识管理、企业内部知识管理、企业外部知识管理、品牌进化、进化绩效无法直接测量，因此将它们表示为潜变量，并采取若干个观测变量来表示这些潜变量。量表信度用 Cronbach α 系数来表示，经过 SPSS17.0 软件测算，顾客品牌形象知识、企业文化知识、企业管理知识三个测量题目的 Cronbach α 系数略低于 0.7，其余题项的测量项目的 Cronbach α 系数均大于 0.7（表 9-6 括号内数字即为 Cronbach α 系数），基本能够满足对潜变量可靠性的要求。

利用 SPSS17.0 进行 KMO 抽样适当性检验和 Bartlett 的球形度检验，检验结果 KMO 值为 0.922，Bartlett 的 χ^2 值为 6909.056，自由度为 1653，达到显著水平（$P<0.001$），说明样本数据符合各变量的定义要求，适合做分析。

采用主成分分析法，进行 VARIMAX 方差正交旋转，最终提取特征根大于 1 的因子 13 个，对应 13 个观测变量，因子累计解释的变异量为 62.524%，显示题项结构具有较高的效度，结果如表 9-1 所示。

表 9-1　因子解释的总方差

成分	初始特征值			提取平方和载入			旋转平方和载入		
	合计	方差（%）	累计方差（%）	合计	方差（%）	累计方差（%）	合计	方差（%）	累计方差（%）
1	19.847	32.494	32.494	19.847	32.494	32.494	19.444	31.800	31.800
2	2.052	3.538	36.032	2.052	3.538	36.032	1.894	3.266	36.066
3	1.967	3.392	39.424	1.967	3.392	39.424	1.778	3.065	39.132
4	1.804	3.110	42.534	1.804	3.110	42.534	1.530	2.638	40.770
5	1.622	2.796	46.331	1.622	2.796	46.331	1.500	2.587	43.357
6	1.460	2.517	47.848	1.460	2.517	47.848	1.495	2.577	46.934
7	1.436	2.476	50.324	1.436	2.476	50.324	1.462	2.521	49.455
8	1.351	2.330	52.653	1.351	2.330	52.653	1.449	2.498	50.953
9	1.263	2.177	54.831	1.263	2.177	54.831	1.443	2.488	53.441
10	1.205	2.078	56.909	1.205	2.078	56.909	1.388	2.393	56.834
11	1.145	1.975	59.884	1.145	1.975	59.884	1.382	2.382	59.216

续表

成分	初始特征值			提取平方和载入			旋转平方和载入		
	合计	方差(%)	累计方差(%)	合计	方差(%)	累计方差(%)	合计	方差(%)	累计方差(%)
12	1.084	1.868	60.752	1.084	1.868	60.752	1.252	2.159	60.374
13	1.028	1.772	62.524	1.028	1.772	62.524	1.247	2.149	62.524

注：提取方法：主成分分析。

第三节 研究结果

一、各变量相关性及回归分析

在构建模型之前，我们首先应用线性回归方法验证假设，以探索企业内部知识管理、企业外部知识管理、顾客品牌知识管理与品牌进化、进化绩效之间的关系，分析各变量之间的单独影响。

（一）企业内部知识管理与品牌进化相关性验证

将企业文化知识管理、企业技术知识管理、企业管理知识管理抽取出来作为自变量，品牌进化作为因变量，结果发现，指标符合线性关系，可建立线性模型。其中，企业文化知识管理（β=0.260，p<0.001）、企业技术知识管理（β=0.235，p<0.001）、企业管理知识管理（β=0.342，p<0.001）与品牌进化显著相关（见表 9-2）。假设 H1a、H1b、H1c 得到验证。

表 9-2 企业内部知识管理与品牌进化相关性

Model	R	R Square Adjusted	R Square Std.	Error of the Estimate	F	Sig.
1	0.737[a]	0.544	0.538	0.39744	93.263	0.000[a]

（二）顾客品牌知识管理与品牌进化相关性验证

在回归分析中将顾客品牌知识管理的三个构成要素，即顾客的产品知识管理、顾客的消费知识与经验的管理、顾客品牌形象知识管理抽取出来作为自变量，品牌进化作为因变量，结果发现，指标符合线性关系，可以建立线性模型。其中，顾客的产品知识管理（β=0.354，p<0.001）、顾客的消费知识与经验的管理（β=0.193，p=0.005≤0.005）、顾客品牌形象知识管理（β=0.261，p<0.001）与品牌进化显著相关（见表 9-3）。假设 H2a、H2b、H2c 得到验证。

表 9-3 顾客品牌知识管理与品牌进化相关性

Model	R	R Square Adjusted	R Square Std.	Error of the Estimate	F	Sig.
2	0.706[a]	0.498	0.492	0.41681	77.684	0.000[a]

（三）企业外部知识管理与品牌进化相关性验证

在回归分析中将企业外部知识管理的两个构成要素，即竞争性外部知识管理、伙伴型外部知识管理抽取出来作为自变量，品牌进化作为因变量，结果发现，指标符合线性关系，可以建立线性模型。其中竞争性外部知识管理（β=0.384，p<0.001）、伙伴型外部知识管理（β=0.427，p<0.001）与品牌进化显著相关（见表 9-4）。假设 H3a、H3b 得到验证。

表 9-4 企业外部知识管理与品牌进化相关性

Model	R	R Square Adjusted	R Square Std.	Error of the Estimate	F	Sig
3	0.732[a]	0.536	0.532	0.39968	136.52	0.000[a]

（四）品牌进化与进化绩效相关性验证

将企业内部知识进化、企业外部知识进化、顾客品牌知识进化抽取出来作为自变量，进化绩效作为因变量，结果发现，指标符合线性关系，可以建立线性模型。其中，企业内部知识进化（β=0.044，p<0.001）、企业外部知识进化（β=0.215，p=0.004<0.005）、顾客品牌知识进化（β=0.538，p<0.001）与进化绩效显著相关（见表 9-5）。假设 H7a、H7b、H7c 得到验证。

表 9-5　品牌进化与进化绩效相关性

Model	R	R Square Adjusted	R Square Std.	Error of the Estimate	F	Sig.
4	0.746[a]	0.556	0.551	0.40520	99.237	0.000[a]

二、模型构建

在实证检验中，通过构建直接影响模型来检验顾客品牌知识管理对品牌进化和进化绩效的影响。先检验变量的相关系数，如果相关系数都在 0.5 以上，表明各变量之间具有较高的相关性。经过计算，结果如表 9-6 所示。

在企业品牌管理实践过程中，进化绩效建立在对品牌进化管理的基础上，企业内外部知识的管理并不是直接影响品牌进化绩效，而是通过品牌进化路径最终影响品牌进化绩效，由此“品牌进化”成为重要的影响绩效的中介变量。因此，本书结合数据搜集实际以品牌进化作为中介变量来进一步分析顾客品牌知识流入和进化绩效之间的关系。由此我们构建的模型如图 9-2 所示。

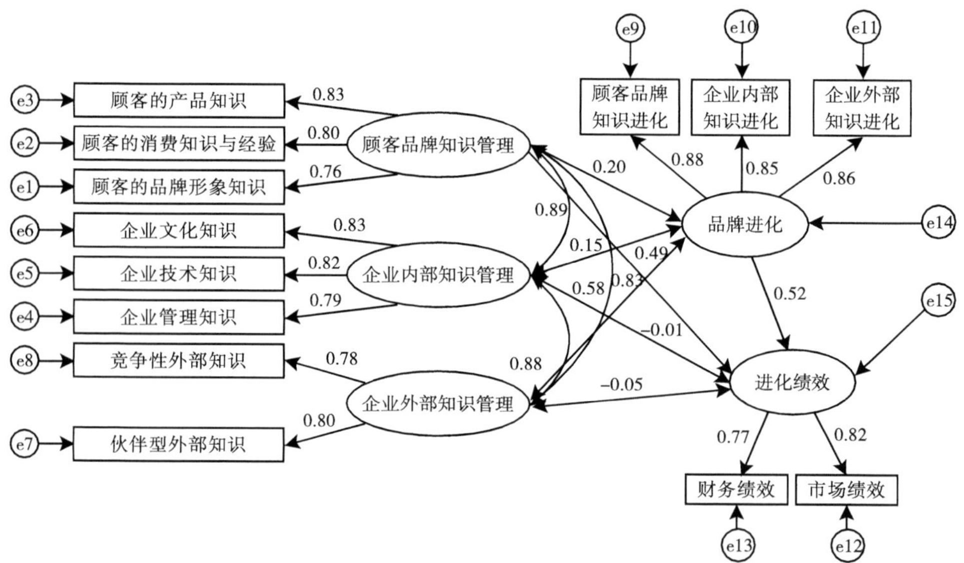

图 9-2　模型 1——品牌进化中介变量模型

表 9-6　各变量的均值、标准差、相关系数及 α 值（N=239）

	$\bar{X}$	σ	G1	G2	G3	N1	N2	N3	W1	W2	P1	P2	P3	J1	J2
G1	3.763	0.617	(0.716)												
G2	3.764	0.645	0.697**	(0.724)											
G3	4.002	0.623	0.601**	0.597**	(0.664)										
N1	3.863	0.611	0.627**	0.566**	0.589**	(0.661)									
N2	3.894	0.628	0.608**	0.575**	0.570**	0.681**	(0.767)								
N3	3.973	0.612	0.535**	0.504**	0.612**	0.662**	0.639**	(0.544)							
W1	3.826	0.634	0.533**	0.500**	0.477**	0.538**	0.605**	0.537**	(0.700)						
W2	3.796	0.669	0.576**	0.544**	0.490**	0.576**	0.575**	0.593**	0.629**	(0.712)					
P1	3.820	0.628	0.569**	0.550**	0.483**	0.572**	0.551**	0.595**	0.589**	0.655**	(0.719)				
P2	3.935	0.662	0.558**	0.509**	0.555**	0.558**	0.560**	0.625**	0.582**	0.597**	0.771**	(0.789)			
P3	3.914	0.630	0.643**	0.574**	0.574**	0.640**	0.616**	0.597**	0.616**	0.580**	0.746**	0.730**	(0.859)		
J1	3.804	0.670	0.535**	0.496**	0.482**	0.530**	0.522**	0.493**	0.526**	0.490**	0.558**	0.578**	0.648**	(0.715)	
J2	4.047	0.665	0.591**	0.579**	0.603**	0.536**	0.552**	0.556**	0.526**	0.506**	0.548**	0.583**	0.668**	0.637**	(0.729)

注：** 表示在 0.01 水平（双侧）上显著相关；括号中的数字为 Cronbach α 系数（其中，顾客的产品知识表示为 G1；顾客的消费知识与经验表示为 G2；顾客的品牌形象知识表示为 G3；企业文化知识表示为 N1；企业技术知识表示为 N2；企业管理知识表示为 N3；竞争性外部知识表示为 W1；伙伴型外部知识表示为 W2；企业外部知识进化表示为 P1；企业内部知识进化表示为 P2；顾客品牌知识进化表示为 P3；财务绩效表示为 J1；市场绩效表示为 J2）。

通过 Amos22.0 软件对品牌进化中介变量模型进行估计，如果绝对拟合指数、相对拟合指数和简约拟合指数符合给定指标，则表明数据与模型间拟合效果较好。如表 9-7 所示，经过计算获得模型拟合优度指标：

表 9-7 模型 1 的拟合效果评价

	绝对拟合指数			相对拟合指数			简约拟合指数		
	χ^2	CFI	RMSEA	TLI	NFI	IFI	PNFI	PCFI	χ^2/df
模型	92.769	0.983	0.054	0.975	0.959	0.983	0.676	0.693	1.687
判别标准	靠近自由度	>0.9	<0.1	>0.9	>0.9	>0.9	≥0.5	≥0.5	≤3

表 9-7 中所列的拟合指数均符合判别标准，表明样本数据与理论模型间的拟合程度较高，可以用来检验各模型中变量之间的相互影响关系。

三、模型假设检验结果分析

调查数据可以印证假设模型，由此我们得到模型假设检验结果，如表 9-8 所示。

表 9-8 数据分析对研究假设的检验结果

序号	路径	路径系数	标量估计	临界比	显著性水平	对应假设	假设是否成立
1	品牌进化←企业内部知识管理	0.146	0.232	0.716	***	H1	成立
2	品牌进化←顾客品牌知识管理	0.199	0.169	1.370	***	H2	成立
3	品牌进化←企业外部知识管理	0.584	0.186	3.233	0.001	H3	成立
4	进化绩效←企业内部知识管理	-0.005	0.243	-0.025	0.980	H5	不成立
5	进化绩效←顾客品牌知识管理	0.492	0.196	2.896	0.004	H4	不成立
6	进化绩效←企业外部知识管理	-0.053	0.222	-0.244	0.807	H6	不成立
7	进化绩效←品牌进化	0.517	0.155	3.310	***	H7	成立

（一）企业内部知识管理对品牌进化的影响分析

根据模型测算，在显著性水平下，企业内部知识管理与品牌进化之间的相关系数为 0.146，表明企业内部知识管理与品牌进化正相关，说明回族老字号企业在品牌运营过程中重视企业文化知识、企业技术知识和企业管理知识，随着企业通过培训、购买等方式促进员工相互交流和学习，企业内部知识在不同个体之间流动、共享，促进了品牌的成长和创新。相关系数较小的原因在于总体样本数量较小，但不影响结论。因此，假设 H1 成立。

（二）顾客品牌知识管理对品牌进化的影响分析

根据模型测算，顾客品牌知识管理与品牌进化之间的相关系数为 0.199，表明顾客品牌知识管理对品牌进化正相关，说明回族老字号企业在品牌管理过程中顾客的意见、建议对企业经营和服务有一定的影响，促进了企业品牌的进化。在实际调研过程中，从被调查者访谈资料中可以看到这一点。回族老字号大多属于餐饮服务业，企业的产品服务依赖于顾客的口碑，许多老顾客成为产品改进的参与者，品牌形象、服务管理规范在不断适应顾客需求的基础上成长起来。对顾客品牌知识的认知和借鉴成为许多回族老字号企业成功的秘诀。相关系数较小的原因在于总体样本数量较小，但不影响结论。因此，假设 H2 成立。

（三）企业外部知识管理对品牌进化的影响分析

根据模型测算，在显著性水平 $p\leqslant0.001$ 下，企业外部知识管理与品牌之间相关系数为 0.584，表明企业外部知识管理与品牌进化正相关，说明在老字号品牌进化过程中，通过市场的竞争，来自竞争对手的知识和合作伙伴的知识对企业品牌成长创新产生较为显著的影响。企业通过主动吸收和交流获取了外部知识，推动了外部知识共享，提升了品牌运营水平，推动了品牌创新。因此，假设 H3 成立。

（四）企业内部知识管理对进化绩效的影响分析

根据模型测算，企业内部知识管理对进化绩效的路径系数为-0.005，显著性水平为 0.98，大于 0.001，说明企业内部知识管理本身对进化绩效影响不够显著，因此假设 H4 不成立，主要原因是企业内部知识作为企业知识形态并不直接影响进化绩效，而要通过品牌进化管理，才能对进化绩效产生直接影响。

（五）顾客品牌知识管理对进化绩效的影响分析

根据模型测算，顾客品牌知识管理对进化绩效的路径系数为 0.492，但显著性水平为 0.004，大于 0.001，说明顾客品牌知识管理本身对进化绩效影响不够显著，因此假设 H5 不成立，主要原因在于作为重要的外部知识，顾客品牌知识并不直接影响进化绩效，只有通过企业品牌进化管理，才能最终对进化绩效产生直接影响。

（六）企业外部知识管理对进化绩效的影响分析

根据模型测算，企业外部知识管理对进化绩效的路径系数为-0.053，显著性水平为 0.807，大于 0.001，说明企业外部知识管理本身对进化绩效影响不够显著，因此假设 H6 不成立，主要原因是企业外部知识作为企业将要获取的知识形态，如果不经过分析、共享和利用等品牌进化管理方式，则不能对进化绩效产生直接影响。

（七）品牌进化对进化绩效影响分析

根据模型测算，处于显著性水平下，标准化路径系数为 0.517，表明在长期的企业经营过程中，不断通过品牌进化管理提升进化绩效。品牌成长具有显著的独特性，从进化绩效角度看，品牌的市场地位和品牌销售收入、盈利能力都需要企业长期的悉心经营维系，产品改进、技术进步、品牌形象提升以及管理水平的提高不断推动着经营绩效的提升。实证数据也反映出品牌进化对进化绩效的高相关性，验证了我们提出的假设。因此，假设 H7 成立。

四、模型修正及假设检验结果分析

在模型 1 的检验中，在没有其他因素的影响下，顾客品牌知识管理、企业内部知识管理与企业外部知识管理对进化绩效的路径系数都较低，显著性水平 p 值大于 0.05，相关性较低。当引入中介变量“品牌进化”后，标准化路径系数为 0.517，显示出品牌进化与进化绩效具有较高的相关性。根据 Baron 等人研究表明，顾客品牌知识管理、企业内部知识管理和企业外部知识管理对进化绩效的影响通过中介变量“品牌进化”产生作用，品牌进化调控着顾客品牌知识管理、企业内部知识管理和企业外部知识管理，推动品牌不断进化提高。根据以上实证分析结果，我们对模型 1 进行了调整，得到模型 2，形成修正后品牌进化中介变量模型（见图 9-3）。

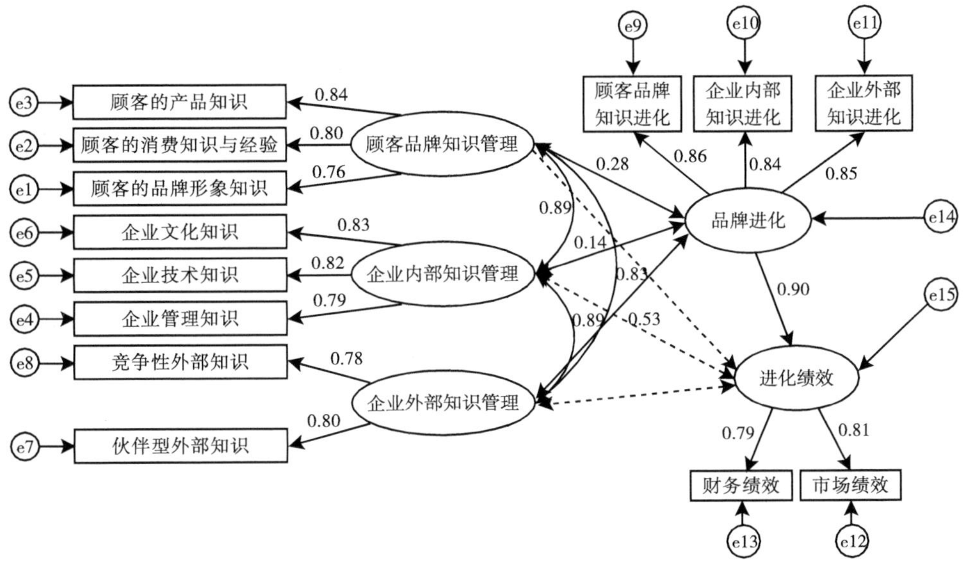

图 9-3 模型 2——修正后品牌进化中介变量模型

我们对模型 2 进行分析得到如表 9-9 所示的拟合效果评价和假设的检验结果：

表 9-9 模型 2 的拟合效果评价

	绝对拟合指数			相对拟合指数			简约拟合指数		
	χ^2	CFI	RMSEA	TLI	NFI	IFI	PNFI	PCFI	χ^2/df
模型	109.768	0.976	0.061	0.968	0.951	0.976	0.707	0.726	1.893
判别标准	靠近自由度	>0.9	<0.1	>0.9	>0.9	>0.9	≥0.5	≥0.5	≤3

通过 Amos22.0 软件对品牌进化中介变量模型重新计算并进行修正，根据各指标进行模型拟合优度评价的取值，从绝对拟合指数看卡方值 χ^2 靠近自由度，CFI 为 0.976，大于 0.9，处于理想水平；RMSEA 为 0.061，小于 0.08。其他指标均符合判别标准，拟合程度较好，说明修正模型的改进程度高，符合理论设计。

表 9–10 模型 2 数据分析对研究假设的检验结果

序号	路径	路径系数	标量估计	临界比	显著性水平	对应假设	假设是否成立
1	品牌进化←顾客品牌知识管理	0.279	0.160	2.051	***	H1	成立
2	品牌进化←企业内部知识管理	0.145	0.217	0.760	***	H2	成立
3	品牌进化←企业外部知识管理	0.528	0.173	3.156	***	H3	成立
7	进化绩效←品牌进化	0.901	0.065	13.547	***	H7	成立

如表 9–10 所示，对修正模型的路径系数进行分析，根据模型测算，顾客品牌知识管理与品牌进化之间的相关系数提高到 0.279，企业内部知识管理与品牌进化之间的相关系数为 0.145，企业外部知识管理与品牌进化之间的相关系数为 0.528，品牌进化与进化绩效之间的相关系数达到 0.901，表明在显著性水平下顾客品牌知识管理、企业内部知识管理、企业外部知识管理与品牌进化之间的正相关关系，这也符合实际调研中口头访谈的内容反映。这说明回族老字号企业在品牌管理过程中顾客的意见、建议对企业经营和服务有一定的影响，原假设 H1、H2、H3 成立。在模型 1 中，品牌进化与进化绩效之间的相关系数为 0.517，当调整为模型 2 后，路径系数达到了 0.901，说明被调查主体能够感受到企业主动的品牌进化管理过程对企业的影响，通过管理企业品牌可以获得较高的市场绩效和财务绩效，原假设 H7 成立。原假设 H4、H5、H6 不成立，说明企业知识管理不能直接影响品牌进化绩效，品牌进化成为介于顾客品牌知识管理、企业内部知识管理、企业外部知识管理与进化绩效之间的中介变量，原假设 H8 成立。

五、研究结论及建议

基于严密的数据调查和实验研究，企业内部知识管理是建立在企业文化知识、技术知识和管理知识基础上的管理，形成了品牌内部设计与管理的机制，内部知识管理为品牌运营奠定了坚实的基础；竞争性外部知识、伙伴型外部知识的流入丰富了企业品牌内涵，为品牌技术、品牌文化的扩大提供了重要的外部知识来源；顾客品牌知识流入使产品和服务设计更加切合顾客的需求。三种知识共同推动着品牌进化，并在以品牌进化过程为中介变量的基础上提升进化的绩效，从而为企业品牌政策制定提供了重要依据。基于以上分析，提出以下建议：

（1）重视顾客品牌知识管理，促进品牌进化。已有文献显示，顾客品牌知识管理与品牌创新具有显著的影响；顾客品牌知识与品牌进化具有显著的相关关系，通过本文的实证分析已验证。顾客在消费过程中对企业的产品知识、长期的消费知识和经验以及对企业品牌形象的认知建立在企业持续的品牌传播上。企业首先应不断改进品牌传播方式，提升顾客对品牌的认同感，良好的顾客口碑可以促进品牌进化。其次构建企业与顾客的知识互动平台，吸纳顾客品牌知识，获取顾客品牌知识的情报数据为品牌进化服务。最后建立顾客品牌知识的共享和使用机制，推进顾客品牌知识数据在企业内流动和利用。

（2）打造知识共享基础，提升企业内部知识管理。本书实证了企业内部知识管理与品牌进化的关系。回族老字号经营实践证明，企业组织文化、技术知识和管理知识的流动将有效促进品牌管理与创新。因此，加强企业员工学习，增强企业内部员工信任和团队合作，鼓励员工参与、合作与互助，降低知识差异，打造知识共享基础，才能实现知识的无障碍流动，提高内部知识的利用效率，推动品牌进化。

（3）有效利用外部知识，拓展品牌进化路径。传统意义上企业仅仅指内部的边界，而对外部竞争性知识和合作伙伴型知识共享及利用较为欠缺，实证研究论证了外部知识对品牌进化的显著影响。因此，积极向竞争对手和合作伙伴学习，开展联盟合作，推动知识交流和与创新是品牌进化的重要路径。

（4）管理品牌进化过程，提高进化绩效。企业内外部知识管理以及顾客品牌知识管理都对品牌进化绩效产生影响，但实证研究发现，必须通过品牌进化管理的调节才能发挥作用。在企业品牌运营过程中，基于动态的视角对品牌进化的机制、影响因素和路径进行规划和调整，可以有效对企业内外部知识获取、共享和利用，从而有效推进品牌进化获取进化绩效。企业战略品牌管理力度越大，所获取的竞争优势越大，从而提升进化绩效。

本章小结

作为重要的竞争要素，知识管理对企业品牌进化产生重要的影响。来自顾客的品牌知识、企业内部知识和外部知识在企业内相互交流共享，共同推动了品牌进化，实现了财务和市场的绩效。顾客品牌知识伴随着在品牌购买消费过程中逐步增长，品牌的成长创新都应适应顾客品牌知识的变化，顾客品牌知识的管理能够有效地帮助企业在品牌塑造、个性提炼、品牌传播等方面提供有价值的信息。企业内部知识管理是建立在企业文化知识、技术知识和管理知识基础上的管理，形成了品牌内部设计与管理的机制，内部知识的管理为品牌的运营奠定了坚实的基础。竞争性外部知识、伙伴型外部知识的流入丰富了企业品牌内涵，为品牌技术、品牌文化的扩大提供了重要的外部知识来源。实证研究验证了知识管理与品牌进化的正相关关系。

在实际品牌运营过程中，来自顾客、企业内外部知识是影响品牌进化的重要因素，只有通过有效的品牌进化管理过程才能发挥作用，由此，提出的知识管理与品牌进化绩效正相关的理论假设不成立。实证研究表明，只有品牌进化作为中介变量，知识管理与品牌进化绩效才能建立正相关关系，为以后企业进行品牌进化管理提供重要的思路。本研究提出了对知识管理、品牌进化与绩效的有益的结论和管理启示，但仍存在一定的不足：在研究中仅仅考虑了品牌进化的中介效应，在今后的研究中还应进一步分析其他中介变量和调节变量对品牌进化绩效的影响。同时，本书仅仅基于回族老字号企业进行了分析，存在一定的局限性，能否据此得到推而广之的研究结论还需扩大研究对象、深入分析完善。

第十章　甘宁青回族老字号品牌进化阶段及政策建议

老字号是商业经营历史与文化的遗产，与商业经济发展的历史背景分不开。回族老字号作为甘宁青地区标志性品牌，是甘宁青地区回族商业经济发展的历史见证。自唐朝以来，回族作为中华民族的一部分发挥着重要作用，回族商业经济也成为中国工商业的重要组成部分。回族商人作为特殊的群体，在对外贸易中占有优势，经营范围包括珠宝、玉器、医药等奢侈品贸易，富商大贾屡见不鲜。明朝以来，参与商业经营的回族众多，商业范围也逐步扩大到伊斯兰教不禁止的领域，牛羊屠宰业、皮货业、珠宝古玩业、饮食业等日常民生用品业成为回族商人经营的传统行业。近代的甘宁青地区是多事之秋，军阀混战、政局混乱，社会经济活动陷入无序的状态，生存在战争缝隙中的回族商业保持着旺盛的求生和发展意识，商业经营的地域特色更加突出，茶马贸易的迅速扩展、亦农亦商的小商小贩、借助军阀实力发展的官僚资本、宗教社团的连锁商业共同推动着区域经济的发展，由此诞生了“敬义泰”、“天兴隆”等众多回族老字号企业，也成为回族老字号的纪元。新中国成立后，经历了公私合营、“文革”等曲折时期的回族老字号命运各异，直到改革开放才获得了新生，一些回族老字号陆续恢复，回族商业经济再度焕发活力。回族商业经济的发展史就是回族老字号发展的历史背景。甘宁青地区是典型的民族地区，有较为复杂的历史、宗教和民族渊源，回族人口众多，区域企业有较为独特的发展背景，梳理回族老字号品牌进化的历史可以进一步厘清回族老字号品牌传承背景、品牌发展的阶段并由此分析从宏观战略角度促进回族老字号发展的公共政策。

第一节　甘宁青回族老字号品牌进化阶段划分

回族老字号的发展得益于回族商业观的影响。伊斯兰教对回族商业观的影响是根深蒂固的，经典《古兰经》对商业的推崇形成了回族的商业观。《古兰经》多次提到了“出外奋斗者”，先知穆罕默德也说：“商人犹如世界上的信使，是真主在大地上的可信赖的奴仆”，对从商的鼓励促进了回族商业的发展，商人成为回族的传统职业。中国的品牌作为一种“标记”起源于商品交换初期，此后随着工商业的发展一直以招牌、幌子等形式存在，漫长的封建社会里，中国品牌一直处于萌芽状态。老字号作为商业标志起源较早，但成为商业品牌到近代民国时期才开始。从文献看甘宁青地区回族商业经济的发展，回族老字号大多开始于民国时期，从此时期开始，将甘宁青回族老字号品牌进化阶段划分为三个时期。

一、民国时期——回族老字号起源

民国时期，中国社会历经动荡，孕育着巨大的社会变革，中国民族资产阶级崛起，推动着工商业经济的发展。甘宁青地区土地贫瘠，农业经济相对落后，在中心城镇人口相对密集，为商业流通提供了条件。政治上，由于在甘宁青地区一些回族军阀掌握了政权，一定程度推动了地区经济的发展。具有经商传统的回族人逐步涉足，回族商业就此得到推动。民国时期回族商业经营总体上表现为以下特点：一是延续了清代商业经营的特点，以甘肃河州、青海循化、西宁为集散中心的回藏贸易，主要经营茶马贸易；二是依托地域之利，以宁夏府城、吴忠、石嘴子、河州为中心的皮毛贸易，主要从事羊毛皮收购、晾晒、打包、驮运、筏运等与羊毛运销有关的商业活动；三是分布于甘宁青各个市镇以回族占主导的牛羊屠宰、皮毛制革及清真饮食，日常用品和特产贩卖的小商小贩等传统行业，通常以摆摊设点、提篮贩卖的方式居多。根植于本土的回族老字号在蓬勃发展的回族商业经济中崛起。

（一）民族资本形成的字号

民国时期，回族商业经济逐步得到新的发展。在市场中一部分依靠商业贩运、贸易的回族行商通过资本积累变为坐商经营，发展成为较大规模的商业字号，形成新兴的民族资本。民国时期的商号大致分为：

（1）由回藏贸易形成的商号。甘肃、青海地区毗邻藏区，历史上就有茶马贸易，即由内陆运抵的茶叶、手工业品与藏区的马匹、毛皮等特产交换，在明代已设立“茶马司”，专门管理茶马贸易，确保为中原输送良马。到民国时期，甘肃河州（今临夏）、兰州和青海循化、西宁因其地利成为当时西北地区茶马贸易中心，各类农产品、手工业品的集散地。由于回族地区天然的地利优势、语言优势和商业传统，与藏区贸易主要由回族商人承担，民国时期逐步形成了“同兴盛”、“世兴锡”、“德兴元”、“天顺祥”、“同心马”、“义兴马”等回族商号。

（2）由皮毛贸易形成的商号。甘宁青地区由于地广人稀，畜牧业比较发达，皮毛是主要产品。近代以来，由于国际市场对纺织工业原料的大量需求，使皮毛贸易规模逐步增大。回族商人凭借商业传统和吃苦耐劳精神，逐步成为皮毛贸易的主要角色。民国初年从事皮毛贸易的商号有记载的包括宁夏吴忠天成和、义顺和等87家，甘肃临夏同兴、复兴隆、福顺祥等10余家，甘肃张家川有万盛生、恒盛老、金盛魁、义兴德、天锡元、存盛德、万顺祯、玉成祥、藩盛行、永盛德、全盛马、万顺有、兴盛恭、宣德堂、太发行、长兴永等皮店商号18家。但20世纪30年代后由于官僚资本的介入，这些商号逐渐衰落。

（3）零售批发贸易形成的商号。由于政治历史和商业贸易的发展，兰州、西宁、宁夏府城、河州、吴忠、石嘴子等城市逐步形成了甘宁青地区的中心枢纽，沿水路交通线形成了各类皮毛贸易、农副产品、日用百货集散中心。如在宁夏，山西商人在清末民国初年在银川老城创办了八家商号，被人们称为“宁夏八大家”，如合盛恒、天成西等，主要从事日用百货、副食品经营。在甘肃兰州，由于交通的便利，来自全国各地的商人云集兰州经营零售批发行业，知名的商号包括同顺合、嘉渠号、万顺公等，青海的庆盛西、全成泰等。随着资本积累和代际传承，甘宁青地区逐步涌现出一批较大规模的回族商号，如天城西、天兴隆、敬义泰等，主要在大型城镇开设商号店铺经营日用百货，从事贩卖批发零售活动，但是，这一行业的发展依赖于资本投入和较为精细的经营，新中国成立后大多数商号歇业或公私合营，流传至今的少之又少。

（二）传统民间商业形成的字号

甘宁青地区在历史上人烟稀少，土地贫瘠，生活其中的回族群众一方面开荒种地从事农业生产，另一方面农闲时从事小商小贩、牛羊肉屠宰、饮食加工等传统民间商业活动。处于民族习惯的差异，清真餐饮及食品行业成为回族经营的独特行业，面向普通的市民大众，主要从事牛羊肉屠宰、清真饮食加工、食品制作等。一般餐饮行业是“勤行”，赚取利润主要靠人的勤劳投入，所需资本不多，更多是传承食品制作工艺，服务周到。因此，其间辛苦尽人皆知，民国时期就有：“无回不商，无商不苦，人席不暖”的说法。早期的回族餐饮起于路边小摊，在闹市，在集镇，众多各具风味的小摊小店开张迎客，著名的马保子牛肉面就起于兰州路边的“热锅子面”，深受回汉群众的喜爱。独特的工艺制作方法、富有地方特点的饮食产品逐步形成了别具风味的区域特色。在甘宁青地区，由于餐饮食品行业对资本要求不高，经营的秘方、独有工艺技术依靠父传子承，企业经营管理依靠经验的积累。餐饮一行传承的老字号最多，20 世纪 20 年代，平凉城内已经有员工 20 人左右的春华楼、益盛馆、清河馆等清真饭馆 4 家，兰州内的“庆馨楼”、“清真饭庄”都是规模较大的回族餐馆。抗日战争期间，作为抗日大后方的兰州市，商业较为发达，主营西北菜和清真菜的永福居、义顺林等清真餐馆多达数十家，可提供数十道精品菜肴，有些清真餐馆传承至今，形成今天的回族老字号。

（三）官僚资本形成的企业

官僚资本是民国时期甘宁青工商业发展的重要特征。回族军阀控制甘宁青地区后，积极介入工商贸易，在本地区形成强大的官僚资本势力。在西宁，马麒、马麟及马步芳父子兄弟开设了德义恒、德顺昌、义源祥、德兴海等商号，分支机构遍布青海主要市县乡镇，主要从事羊毛、羊皮、土特产、日常生活用品的购销批发。在宁夏，由马鸿逵家族控制的官僚资本创办了兴夏毛织公司、兰鑫机器厂、宁夏电灯股份公司、光宁火柴股份有限公司等企业，从事羊毛皮收购加工、面粉和火柴生产等活动。考察甘宁青官僚资本发展的轨迹，逐渐由商业资本向工业资本转变，如宁夏马鸿逵家族的官僚资本，因其向工业领域投入，形成了宁夏最早的纺织工业、食品工业、化学工业、电子工业、火柴工业。甘宁青官僚资本通过官商合办在区内形成经济垄断，进行金融投机，侵占民间资本发展空间，在一定程度上促进本地区工商业的发展，但也具有较大的历史局限性。伴随着 1949 年甘宁青地区解放，由官僚资本形成的企业土崩瓦解，有些被新生政权接管，有些倒闭破产，终于烟消云散，变成一段历史。

二、回族老字号曲折发展时期

新中国成立后，甘宁青地区回族老字号获得了新生。1955 年甘肃省全省城乡饮食网点达到 1.8432 万个，从业人员达到 2.4563 万人。青海省在 1956 年全省社会饮食业为 993 户，从业人员 1649 人。宁夏 1957 年共有饮食网点 1200 个，城市每千人拥有饮食网点 4.83 个，名气较大的黄鹤楼、两益轩、贾死狗、长安春等回族老字号恢复了传统经营，得到了一定的发展。但随着社会主义改造开始后，原有的私营商业饮食字号逐步通过公私合营、联购分销等方式被改造。“文化大革命”期间，根据国家对私营工商业者“利用、限制、改造”的方针，回族字号由于极左错误的干扰逐步被当做“封资修”而遭到破坏，牌匾被损坏，有些被改为食堂，如宁夏的黄鹤楼食堂、长安春食堂、红旗食堂、向阳饭馆等。甘肃省的许多名店招牌被改名，例如工农兵饭馆、东方红饭馆、红卫兵饭馆等；有些老字号甚至被拆毁或迁址，从业人员被精减下放，饭菜粗制滥造，服务质量下降，加之原辅材料供应短缺，渠道不畅，质次价高，风味特色不明，传统名菜断档，饮食市场供不应求。广告、品牌传播手段一律被禁止，民国以来积累起来的知名老字号品牌被破坏殆尽，此阶段回族老字号处于曲折发展时期。

三、回族老字号品牌的蓬勃发展时期

中共十一届三中全会以来，甘宁青地区饮食服务业又获生机。在“调整、改革、整顿、提高”八字方针指引下，城乡饮食服务业都得到了很大发展。国营商业系统在 1979 年后逐步分类经营，发扬传统特色，适应大众需要。已改造为国营饮食服务企业的回族老字号逐步开放经营，挖掘传统风味饭菜，增加经营品种，提高饭菜质量，实现了利润的大幅度提高。1986 年，甘肃省城乡饮食网点发展到 2.7652 万个，从业人员增加到 4.2023 万人；宁夏商业厅系统的清真饮食网点达到 88 个。伴随着改革开放的深入，商业服务系统开始推进经营管理体制改革，回族老字号也逐步通过承包、改制、租赁、利改税等形式实现了改革转制，又一次焕发了活力。另外，由于政策体制的松绑，一些私营饮食餐馆、企业大量成立，一些在新中国成立前夕倒闭或新中国成立后解散的回族老字号企业的后人恢复了曾经的老字号名号，由于经营机制灵活，一些传统技艺的传承，获得了大量顾客的认同。在改革开放初期，回族老字号主要是通过饭菜质量品种获得老顾客的青睐，品牌意识比较淡薄。随着现代市场竞争的深入，老字号的品牌意识逐步觉醒，一些回族老字号注册了企业商标，有些企业还有意识地引入 CI，进行品牌传播。2000 年以后，一些老字号企业品牌保护意识增强，通过维权保护品牌合法利益，马子禄牛肉面不远千里打假树立了品牌形象。另外，有些老字号通过开设分店以扩大品牌影响力，2010 年，老字号迎宾楼放弃多年不开分店的经营思路，在银川市西夏区开设分店，获得了较好的市场回报。改革开放使回族老字号获得了良好的发展机遇。

第二节 甘宁青回族老字号品牌进化的宏观战略启示

一、回族老字号是区域市场重要的标志性品牌，代表区域对外宣传的品牌形象

标志性品牌是指具有文化标志的品牌名称。如前所述，甘宁青地区是我国最大的回族聚居区，消费人口众多。由于历史上战乱频仍，经济基础薄弱，甘宁青地区解放初没有建立起有效的产业，在国内知名度较高的企业或品牌极少。作为本区域具有较高影响力的回族老字号担当了这个重任，形成了区域市场重要的标志性品牌，对于提升消费者对区域品牌形象的认知，对区域市场和中心城市的认知都具有重要作用，逐步肩负起代表区域对外宣传的品牌形象。如兰州马子禄牛肉面成为兰州的一张名片；敬义泰是宁夏银川重要的标志性品牌；西宁小圆门食府是消费者必到的老字号。因此，保护回族老字号品牌具有重要的意义。

二、创造促进老字号发展的政策环境具有重要意义

面对全球化背景下国内外竞争对手的冲击，老字号的发展举步维艰，在国内市场叫好又叫座的老字号寥寥无几。一方面，需要老字号转变经营机制，提升管理水平，适应现代市场的需要；另一方面，需要政府部门对老字号给予一定的政策供给，推动其发展。民国时期，一些老字号的倒闭源于政府的盘剥挤压，新中国成立后出于政治的考虑以及政策的失误使回族老字号几乎消失殆尽。改革开放以来的恢复政策使回族老字号得到了新生，但由于城市变革、旅游经营、区域经济发展等因素对老字号影响极深。在今天竞争更为激烈的市场中，推动老字号发展的金融税收政策、品

牌推广政策、文化展示政策的出台将起到重要作用。

三、开放市场准入，促进回族老字号沿着市场化方向健康发展

在市场中崛起的企业要靠市场来推动。对回族老字号来说，能够生存到今天首先是企业不断适应市场，提高管理和服务水平获得了顾客的认可，民国时期回族老字号在艰难的市场中生存下来就说明了这个问题，百年老字号的成功就是市场的成功。在今天的市场中，老字号受到了来自国内外企业的挑战，无论是产品技术创新还是服务水平及理念都显示出差距，在此背景下，政府要做的是开放市场准入，创造公平竞争的政策条件，依靠市场的力量推动老字号发展，这是解决老字号问题的根本宗旨。

四、加强回族老字号品牌知识产权保护

甘宁青回族老字号起源于民间，多以餐饮食品为主要经营行业，民间小吃或特色风味成为主要特色，饭店字号、招牌在早期仅仅作为市场标识，并没有进行必要的法律保护，老字号商标、域名的注册和专利申请没有跟上，作为区域知名商标，老字号成为被抢注的对象，严重损害了企业形象。一些地方政府和企业对老字号品牌保护的法律意识淡薄，因为历史的原因，许多老字号至今没有注册商标，如“吴忠民族饭庄”、“迎宾楼”等字号，致使市场上出现一些假冒伪劣产品或仿冒字号的经营场所，消费者难以辨识，给老字号声誉带来较大的负面影响。因此，加强老字号品牌知识产权的保护具有重要意义。

五、积极促进回族老字号品牌推广和品牌进化

老字号作为区域标志性品牌，对区域形象的打造和传播具有重要意义。因此对于政府部门来说，首先要积极挖掘回族老字号的品牌文化，研究老字号品牌的历史价值、商业文化价值和生产工艺价值，从非物质文化遗产保护、品牌文化、区域历史文化角度促进回族老字号品牌进化。其次

利用传统的展会、广告和现代网络推广手段，创造老字号推广平台，扩大老字号市场影响力。

第三节　促进甘宁青回族老字号品牌进化的政策思考

一、构筑基于获取企业内部知识的促进回族老字号品牌进化的政策环境

在全球化竞争的背景下，起于传统市场的回族老字号面对竞争激烈的市场竞争不仅需要加强自身文化传承的保护，更需要主动适应市场的需要，加强技术创新、企业文化的升级和管理水平的提升。从知识管理角度说，面对企业内部员工的知识流动，企业需要加强内部知识的管理，通过内部知识交流促进品牌进化。从政府角度看，老字号作为地方政府的标志性品牌，是城市营销中响亮的名片，推进、帮助、引导、保护老字号成为地方政府的重要任务。从促进企业内部知识管理角度说，政府的政策供给包括四个方面：

第一，引导回族老字号技术创新。技术创新对回族老字号品牌进化具有重要的推动作用。技术传承是回族老字号立足于市场的核心竞争力，马子禄牛肉面的调味技术，老毛手抓的煮肉技术得益于祖传，获得了消费者信任。随着现代消费市场的变迁，顾客的消费理念也逐渐变化，加强技术创新显得十分必要和迫切。政府要制定促进老字号技术创新的政策：建立培训学习交流机制；建立技术创新风险保障机制；制定支持老字号技术创新的金融信贷政策；制定支持老字号技术创新的人才政策等，从政策措施上推动老字号技术创新。

第二，引导回族老字号企业文化创新。回族老字号是甘宁青地区重要

的文化财富，在当前旅游业快速发展的时代，挖掘回族老字号品牌文化，促进回族老字号文化传播具有重要意义。宁夏敬义泰150年的发展历史，见证了近现代银川城市的变迁，企业的老照片、经营场景、遗留实物都成为可以见证的文化遗存，反映了不同时期国家经济政策、消费文化、产品技术标准的变迁历史。政府首先对一些有历史传承的回族老字号从非物质文化遗产角度加强保护，挖掘文化内涵；其次制定鼓励政策，加强回族老字号传承人才培养；最后建立平台支持回族老字号企业文化的传播，如在城市推广活动、城市宣传片中展现回族老字号的文化等，切实引导回族老字号企业文化创新。

第三，引导回族老字号管理体制创新。传统的经营管理方式使老字号获得了市场，但也存在着不适应现代消费文化的问题。因此，探索回族老字号传统管理的价值，嫁接现代管理制度，引导企业管理体制创新，主动融入现代市场具有重要意义。首先，深入研究回族老字号传统管理特点，传承管理遗产；其次，引导企业建立现代管理规章制度，逐步推动企业规范化管理；最后，通过推进老字号参与商品和服务的国际质量标准化体系，再造产品生产与服务的标准操作流程。

第四，健全回族老字号品牌保护机制，营造长期投资品牌的社会环境。文明的传承首先是老字号品牌文化的传承，回族老字号企业和产品技艺是中华民族文化宝贵的财富，运用知识产权法、商标法保护企业传统技艺、商标是当务之急。政府部门要激励企业加强品牌建设，协助企业利用知识产权法律保护回族老字号品牌文化和技术创新成果。合理利用法律，防止假冒伪劣商品对老字号品牌和技术创新成果的侵害，营造企业家长期投资品牌的社会环境。

二、构筑基于获取顾客品牌知识的促进回族老字号品牌进化的政策环境

回族老字号的发展是企业不断获取顾客品牌知识发展的过程。许多回族老字号在长期的经营过程中利用传统的民族节日强化社区邻里关系，组

成共享品牌社群以强化企业与顾客的联系，建立类似于社区的联系，增强顾客的忠诚。在长期的品牌社群关系构建中，企业通过品牌体验、品牌文化、共同价值观、社群意识不断向消费者灌输品牌知识，构建企业知识流出的路径，实现品牌知识流入与流出螺旋式上升，推动顾客品牌知识的不断进化。

在营销实践中，通过征求顾客意见、顾客参与、顾客调查等方式获取的顾客品牌知识是品牌进化的关键知识来源，这是重要的营销实践智慧。对于现代政府部门来说，构建基于获取顾客品牌知识的政策环境关键是推动企业市场化运作。一方面，推进回族老字号体制的市场化运作，推进企业体制改革适应市场机制运作；另一方面，推进行业市场化运作，对于回族老字号众多的服务行业要消除对非公有制经济的歧视，制定政策推动回族老字号市场化运作，加强与顾客的互动沟通，促进品牌进化和价值提升。

长期以来，甘宁青回族老字号在固定中心城市经营，很少有开分店、分公司，顾客较为固定，品牌的知名度和美誉度依靠老顾客持续的传播。获取顾客品牌知识，促进老字号品牌发展不仅局限于当前的消费环境中，对于政府来说，还要逐步推进回族老字号走出去，做强做大，全聚德、东来顺走出北京获得成功就是较为典型的例子。要促进老字号品牌走出去，需要做三个方面的工作：一是创造鼓励老字号走出去的舆论环境；二是制定鼓励老字号的金融政策；三是制定吸引经营管理人才的政策。

三、构筑基于获取企业外部知识的促进回族老字号品牌进化的政策环境

现代市场竞争使每个企业不仅要挖掘内部知识资源，更重要的是利用外部知识推动企业创新。外部知识能够提高企业的知识存量、刺激新知识创造、提供新的学习机会。回族老字号获取外部知识主要来自于两个方面：一是向企业外部的大学、研究机构、咨询机构、其他企业学习、借鉴；二是通过品牌战略联盟可以实现外部知识的获取，学习优秀企业的技

术、企业文化、组织与管理理念，推动品牌发展。为推动回族老字号有效吸纳外部知识推动品牌进化，地方政府可以创造以下政策环境：

第一，搭建政府协作平台，协助回族老字号企业与高等院校、科研院所、咨询机构开展合作，引进外部智慧，推动企业技术创新、文化创新和管理创新。

第二，借助政府公信力，建设回族老字号展示推介平台，有效推进内外部知识流动。如建立回族老字号主题宣传网站、回族老字号展示场馆、回族老字号文化宣传平台，协助回族老字号电子商务和网络营销等工作，有效推进品牌知识流动。

第三，整合资源，构建促进回族老字号品牌进化政策协调体系，提升回族老字号利用外部知识创新的能力，推进回族老字号品牌战略联盟。利用外部知识关键在于企业要有与外部机构、企业合作的资源，因此，政府应在发展规划上整合资金、技术、信息资源，协调金融政策、人才政策、税收政策，鼓励企业联合、协作，推进老字号品牌战略联盟，提高其利用外部知识的水平。

第十一章　研究结论与展望

基于知识管理视角的品牌进化研究是一个全新的研究领域，前文分别从文献综述、扎根理论的探索性研究、案例研究和实证研究角度分析了品牌进化路径以及对品牌进化绩效的影响。本章将总结以上分析形成的研究结论，同时针对在研究中存在的不足对未来进一步研究提出展望。

第一节　研究结论

品牌进化是建立在动态研究的思维上分析企业品牌成长问题的。本书基于品牌生态理论和知识管理理论对甘宁青回族老字号品牌进化的路径与绩效问题进行了研究，主要目的是探索回族老字号品牌进化路径，以及基于知识管理的企业品牌进化路径取得的进化绩效的实证研究。在研究中考虑了甘宁青地区的区域特点和回族老字号自身的环境影响因素，并根据回族老字号的区域分布系统开展研究。根据绪论中提出的研究问题，在系统的文献分析基础上，利用扎根理论开展探索性研究，提出品牌进化的知识归因并构建模型，然后深入甘宁青地区开展回族老字号的调查访谈，通过单案例和多案例研究的方法分析基于知识管理的品牌进化的路径。通过问卷调查，积累数据，利用结构方程模型开展实证研究，以验证探索性研究提出的模型以及对品牌进化绩效的影响，全书从三个方面开展：一是品牌进化的基本内涵与影响因素，根据系统的企业案例调研，利用扎根理论的分析方法探索品牌进化的知识归因和影响因素。二是企业品牌进化的路径探索，从影响企业的内外部知识出发，利用案例研究的方法系统分析基于企业内外部知识源影响的品牌进化路径。三是品牌进化绩效研究，在上一研究的基础上，通过实证分析的方法分析基于知识管理的品牌进化路径与绩效的关系。得出的结论包括如下三个方面：

一、品牌进化是品牌随时间而发生的成长演变过程，是从动态视角分析品牌发展的重要理论

品牌最初在人们心目中的内涵是名称或标记，但伴随品牌在市场上知名度和美誉度的扩大，品牌的内涵不仅仅是名称，而是附着在产品上的质量、服务和对消费者的承诺。根据研究的分析结果，现代品牌理论的发展是从静态研究向动态研究逐步演变的过程。基于品牌生态理论提出的品牌进化理论以动态发展的思维反映品牌成长的过程。研究表明，品牌进化是品牌随时间而发生的一系列不可逆的演变的过程。品牌进化是品牌与生态环境相互适应的过程，在适应环境的过程中品牌获得了成长。

二、企业内部知识管理、顾客品牌知识管理、企业外部知识管理是影响企业品牌进化关键的三个维度，是决定品牌在演变过程中差异化的核心来源。基于企业内部知识、企业外部知识和顾客品牌知识源的品牌进化路径推进着品牌的成长和创新

随着人们对品牌内涵认识的深入，知识构成了企业品牌的内涵，基于知识管理视角看品牌进化，将更为深刻地把握品牌演进的过程。研究的案例数据证实了知识管理对品牌进化路径影响的主效应。企业知识管理主要分为三个维度：企业内部知识、企业外部知识和顾客品牌知识，研究发现企业知识管理的三个维度对品牌进化具有显著的影响。基于扎根理论的分析，以调研的 14 家回族老字号企业作为研究对象，探索了品牌进化的知

识归因。研究表明，按照因果条件→现象→脉络→中介条件→行动/互动策略→结果的故事线，从顾客品牌知识、企业内部知识、企业外部知识三个主范畴开展研究，这三个主范畴对品牌进化都有显著的影响，构成品牌进化的内部因素。回族老字号品牌进化的路径延续知识进化的主导，外部环境是品牌进化的外部动力。

企业内部知识的管理表现为技术创新、企业文化与管理知识的管理。基于回族老字号的多案例研究表明，技术创新与品牌进化的相互耦合作用不断推动着产品技术创新；依靠深厚企业文化知识形成的品牌形象影响着品牌文化创新；管理制度、管理理念等老字号在品牌成长过程所积累的管理知识与经验决定品牌的遗传和变异。回族老字号的竞争优势来自独特的产品质量、品牌文化、产品创新和服务。企业内部知识创造了独特的产品特色；有效的文化传承保证了产品质量；技术创新知识的扩散提升了品牌创新能力，管理知识的共享形成了完善的品牌保护维权体系，企业内部知识的有效应用也推动了品牌形象的传播。回族老字号品牌进化路径根本在于有效管理内部知识并变为有价值的品牌影响力。

顾客品牌知识作为重要的企业外部知识历来为众多回族老字号企业所重视，能否利用和共享决定于对顾客品牌知识的吸收能力。本书在多案例研究基础上构建了理论模型，研究表明，顾客品牌知识管理与品牌进化高度相关，对顾客品牌知识的吸收能力推动着品牌进化，并提出基于顾客品牌知识管理的品牌进化路径。

品牌进化不仅依赖企业自有知识创新，更需要来自市场、合作伙伴、竞争对手的外部知识。基于品牌基因转移理论分析了竞争性外部知识和伙伴型外部知识对品牌进化的影响，由此提出基于外部知识管理的品牌进化路径。

三、顾客的品牌知识管理、企业内部知识管理和企业外部知识管理与品牌进化显著正相关，品牌进化管理作为重要的中介变量对品牌进化绩效正相关

在案例实证研究和理论文献论证的基础上，本研究提出假设：企业知识管理对品牌进化路径具有显著的正相关。即企业通过顾客品牌知识的获取、共享以及利用有效促进品牌进化，能够有效地帮助企业在品牌塑造、个性提炼、品牌传播等方面适应市场需求。企业内部知识管理是建立在企业文化知识、技术知识和管理知识基础上的管理，形成了品牌内部设计与管理的机制，内部知识的管理为品牌运营奠定了坚实的基础。竞争性外部知识、伙伴型外部知识的流入丰富了企业品牌内涵，为品牌技术创新、品牌文化扩散提供了重要的外部知识来源。研究实证分析结果表明，顾客的品牌知识管理、企业内部知识管理和企业外部知识管理与品牌进化显著正相关，有效验证了基于扎根理论提出的品牌进化模型。但在实证研究中基于顾客品牌知识、企业内部知识和企业外部知识管理对品牌进化绩效的直接影响没有得到验证，原因在于企业知识管理建立在品牌进化管理基础上，仅仅是影响品牌进化的因素，只有通过品牌进化管理过程才能发挥作用，也就是说，品牌进化作为中介变量才能建立对品牌进化绩效正相关关系，实证研究中也得到了充分验证。

第二节 研究的创新点

一、提出了基于品牌生态理论的品牌进化问题，构建了品牌进化的理论模型

本研究通过梳理品牌研究的理论文献脉络，从品牌生态理论研究出发，提出品牌进化新概念，通过深入分析品牌进化的概念、影响因素，系统论述了品牌进化理论，构建了品牌进化的理论模型，拓展了相关研究的思路和范畴，从动态分析角度分析了品牌成长创新的新概念，推进了品牌理论研究。

二、提出了影响品牌进化的三个知识管理维度，通过案例研究的方法分析了基于知识管理视角的品牌进化路径

品牌的核心就是知识，基于知识管理的角度分析品牌的内涵、品牌进化的影响因素，将知识管理的研究内容和思维引入品牌进化理论体系，是对品牌理论研究的拓展。本研究基于 14 家回族老字号企业访谈数据的基础上，利用扎根理论归纳影响品牌进化的影响因素，对品牌进化理论进行了探索性研究，由此提出影响品牌进化的企业内部知识、企业外部知识、顾客品牌知识管理三个影响维度，对深入分析品牌进化理论具有重要意义。本书利用深入访谈的回族老字号企业调研资料，进行单案例和多案例的研究设计，较为科学地分析了品牌进化路径，并提出相应的对策，为回族老字号企业品牌快速成长提供了重要的对策参考。

三、本研究以品牌进化作为中介变量，构建了知识管理、品牌进化与品牌进化绩效模型，以实证分析方法探索知识管理、品牌进化对品牌进化绩效的影响

在案例研究的基础上，本研究基于甘宁青地区回族老字号调研问卷，通过 SPSS、AMOS 软件，结合甘宁青地区回族老字号企业品牌发展实践，将品牌进化作为中介变量，以实证的方法构建了知识管理、品牌进化与品牌进化绩效模型，验证基于知识管理视角的品牌进化路径及其对绩效的影响，对品牌进化内涵的拓展具有重要意义。

第三节　研究不足与展望

一、研究不足

第一，在研究范围方面。本研究的主要对象是甘宁青地区回族老字号企业，在近三年的研究过程中，研究者走访了相关省份的 20 余家企业，并对其中 14 家企业做了详细访谈和回访。由于甘宁青地区回族老字号企业数量稀少，也存在部分企业没有调研到，致使样本量较小。同时，在研究过程中，出于保密的需要，难以获得被调查企业的财务和市场销售额数据，对于品牌进化绩效的测量主要是主观数据的测量，可能对最终结论有所影响，此方面有待于进一步深入研究。

第二，关于数据来源和数据使用的问题。在研究过程中，研究者不仅采访了回族老字号公司中高层管理人员，还采访了公司健在的传承人和重要历史见证人，获得了较为详细的第一手资料，形成了本书案例研究和扎根理论的资料来源。限于许多老字号企业经营者的认识和文化水平的差

异，有些回答可能答非所问或非常简略，只能猜测其意，这些都可能影响数据的准确性，在后续研究中需加以注意。

二、研究展望

（一）关于品牌进化指标定量研究

基于系统的文献分析，学术界对品牌进化的研究还不多，但围绕品牌成长的品牌活化、品牌生命周期、品牌老化与激活等问题时见报端，反映了基于动态发展视角研究品牌问题具有重要的意义。本书从品牌进化的概念、品牌进化的特点、品牌进化的路径以及品牌进化路径取得绩效角度系统分析了这一理论，并从知识管理视角深入地分析了品牌进化的内涵。但从理论完善角度说，品牌进化是从进化视角分析品牌成长创新的过程，品牌进化阶段的测度、基于品牌进化的管理决策等问题都可能成为今后研究的重要方向。

（二）加强基于顾客视角对回族老字号的深入研究

本研究主要从企业组织层面来研究企业内外部知识和顾客品牌知识的吸收和利用对品牌进化的推动作用，没有深入地从顾客层面来探索如何促进品牌进化，如顾客如何影响品牌进化的决策、顾客理念的变迁对品牌进化的影响等都需要深入分析。

（三）加强对我国老字号企业品牌问题的深入研究

我国老字号企业品牌成长与发展问题一直是学术界研究的热点，本研究针对甘宁青地区回族老字号企业做深入的品牌进化路径研究，在未来研究中需要进一步扩大研究范围，从多样本、多角度分析老字号品牌问题，如老字号如何吸引年轻人参与以适应变化的消费者市场？老字号品牌如何改变形象刻板、个性缺乏问题？老字号如何走出国门以实现国际化？本研究提出的品牌进化理论可以为研究老字号品牌发展提供重要理论视角，基于知识管理理论的分析将为老字号品牌利用内外部知识促进品牌成长提供重要的理论支持，并提出管理决策思路。

（四）注重应用“生态和谐管理”理论研究回族老字号品牌进化问题

“生态和谐管理”是黄志斌教授提出的重要的管理理论，他认为：“生态和谐管理理论是一种生态文明时代的管理哲学。”从农业文明时代的经验分析开始，基于传统的人性假设理论，创造性地提出生态和谐人的假设，并在此基础上应用生态论的方法解决现代工业文明的管理问题。在现代市场竞争背景下，回族老字号的品牌进化问题的研究将会逐步走向深入，引入“生态和谐管理”理论对品牌生态理论的构建和品牌进化理论的深化具有重要的指导作用。

三、研究启示

甘宁青地区回族老字号是区域标志性品牌，在长期的经营过程中积累了大量的企业管理经验，形成了独特的企业文化和产品技术创新知识，推动了品牌的传承和创新。基于知识吸收能力使企业在品牌运营中不断获取外部知识和顾客品牌知识从而推动了品牌进化。回族老字号的品牌进化经验对众多品牌成长具有重要的启示。

首先，深入认识知识管理对品牌进化的重要影响。回族老字号长期经营实践证明，知识管理是影响品牌进化的重要因素。长期沉淀的企业文化，不断传承的产品技术、工艺、流程，口耳相传的经营经验造就了老字号的经营特色，形成了推进品牌发展的知识管理体系，企业内部知识管理推动着企业品牌知识传承，企业外部知识和顾客品牌知识通过企业知识管理系统流入企业内部，推进着品牌知识进化和品牌创新。知识管理在老字号品牌运营中起到关键作用。因此，深入研究知识管理与品牌进化关系对于提升品牌形象、促进品牌进化具有重要意义。

其次，回族老字号基于知识管理的品牌进化路径对现代企业品牌成长具有重要的启示作用。在不同的历史背景下，经营环境对企业的影响是重大的，回族老字号品牌进化路径是在复杂的市场环境中积累的品牌运营经验，基于内部知识管理形成的品牌进化路径提出企业要充分重视企业内部知识管理、企业文化和技术创新对品牌的影响。顾客品牌知识是顾客在购买企业产品和服务过程中基于需求情景建立起来的对品牌认知、联想的知识合成，是顾客置身其境体验与领悟的主动的知识建构，并在持续的消费体验中不断积累。回族老字号品牌运营经验表明，作为企业边界之外的重要的外部知识，顾客品牌知识推动了企业技术创新、品牌形象的改进和管理水平的提升，对企业把握顾客品牌知识的作用、构成以及如何推进品牌进化具有重要的启示。基于回族老字号外部知识管理形成的品牌进化路径表明，在企业经营过程中，企业与竞争对手形成的品牌关系，与合作伙伴形成的经营关系显著地影响了品牌进化过程，促使企业通过知识管理系统鉴别、吸收和使用外部知识以推动品牌进化，为品牌合作提供了重要理论基础。

最后，回族老字号品牌进化路径分析为促进企业品牌发展提供了重要的政策参考。回族老字号是我国宝贵历史文化遗产，在甘宁青地区更具有重要的市场影响力，研究回族老字号的品牌进化路径可以使企业深入研究拓展区域市场时如何分析顾客、如何分析市场环境、如何利用企业内部知识资源、如何利用顾客品牌知识、如何获取外部知识。对于政府部门来说，推动区域品牌发展对于带动地区经济发展、促进企业成长壮大具有重要意义。研究甘宁青地区回族老字号品牌进化路径可以方便政府部门分析区域市场环境、了解区域市场企业运营特点、分析品牌进化过程和运营规律，从而为政府部门提供有针对性的政策指导。

附录 调查问卷

尊敬的先生/女士您好：

非常感谢您能在百忙之中抽出宝贵的时间来接受我们的市场问卷调查，我们是“甘宁青回族老字号品牌研究”项目组，需要做一项回族老字号企业品牌管理的市场调查来进行学术研究，您的所有回答只用于数据分析，我们将严格保密，谢谢您的配合!

［特别备注］品牌进化是指品牌发展过程不断变化创新的结果，一般可以理解为企业品牌发展、品牌创新、品牌成长的过程。

● 以下是顾客品牌知识与回族老字号关系的表述，请在您同意的数字选项中打“√”。

序号	题　　项	完全不符合	不符合	不肯定	符合	十分符合
A_1	顾客所具备的产品知识对回族老字号品牌进化的影响比较大	1	2	3	4	5
A_2	顾客所具备的产品质量知识对回族老字号品牌进化的影响比较大	1	2	3	4	5
A_3	顾客掌握的产品制造工艺技术知识影响回族老字号品牌进化	1	2	3	4	5
A_4	顾客所具备的消费经验对回族老字号品牌进化的影响比较大	1	2	3	4	5
A_5	顾客所具备的个性化知识对回族老字号品牌进化的影响比较大	1	2	3	4	5
A_6	顾客的清真食品专门知识对回族老字号品牌进化的影响比较大	1	2	3	4	5
A_7	顾客对餐饮企业形象认知显著影响回族老字号品牌进化	1	2	3	4	5

续表

序号	题　　项	完全不符合	不符合	不肯定	符合	十分符合
A_8	顾客的品牌服务知识的了解对回族老字号品牌进化的影响比较大	1	2	3	4	5
A_9	顾客的地方饮食文化专门知识对回族老字号品牌进化影响比较大	1	2	3	4	5
A_{10}	顾客口碑对回族老字号品牌进化的影响比较大	1	2	3	4	5
A_{11}	顾客对品牌来源地知识的了解显著影响回族老字号的品牌进化	1	2	3	4	5
A_{12}	品牌在消费市场的知名度对回族老字号品牌进化的影响比较大	1	2	3	4	5
A_{13}	品牌在消费市场的良好信誉对回族老字号品牌进化的影响比较大	1	2	3	4	5
A_{14}	顾客的面子消费对回族老字号品牌进化的影响比较大	1	2	3	4	5

●以下是关于企业知识与回族老字号关系的表述，请在您同意的数字选项中打“√”。

序号	题　　项	完全不符合	不符合	不肯定	符合	十分符合
B_1	企业员工拥有共同的经营理念和价值观对回族老字号品牌进化有较大影响	1	2	3	4	5
B_2	企业员工拥有共同的工作语言对回族老字号品牌进化有较大影响	1	2	3	4	5
B_3	企业员工技术水平对回族老字号品牌进化有较大影响	1	2	3	4	5
B_4	企业员工工作经验对回族老字号品牌进化有较大影响	1	2	3	4	5
B_5	企业员工培训对回族老字号品牌进化有较大影响	1	2	3	4	5
B_6	企业管理制度对回族老字号品牌进化有较大影响	1	2	3	4	5
B_7	企业管理人员的知识和经验对回族老字号品牌进化有较大影响	1	2	3	4	5
B_8	企业高层前瞻性知识对回族老字号品牌进化有较大影响	1	2	3	4	5
B_9	企业专利、商业机密和秘方对回族老字号品牌进化有较大影响	1	2	3	4	5

续表

序号	题 项	完全不符合	不符合	不肯定	符合	十分符合
B_{10}	独特的企业文化对回族老字号品牌进化有较大影响	1	2	3	4	5
B_{11}	企业内部图书信息资讯对回族老字号品牌进化有较大影响	1	2	3	4	5
B_{12}	企业员工内部知识交流对回族老字号品牌进化有较大影响	1	2	3	4	5

● 以下是关于外部知识与回族老字号关系的表述，请在您同意的数字选项中打“√”。

序号	题 项	完全不符合	不符合	不肯定	符合	十分符合
C_1	同行的产品技术知识对回族老字号品牌进化有较大影响	1	2	3	4	5
C_2	同行的管理经验对回族老字号品牌进化有较大影响	1	2	3	4	5
C_3	同行的营销经验对回族老字号品牌进化有较大影响	1	2	3	4	5
C_4	同行之间交流学习对回族老字号品牌进化有较大影响	1	2	3	4	5
C_5	供应商的交流学习对回族老字号品牌进化有较大影响	1	2	3	4	5
C_6	外部专家合作伙伴的知识交流对回族老字号品牌进化有较大影响	1	2	3	4	5
C_7	高校、科研院所的知识交流对回族老字号品牌进化有较大影响	1	2	3	4	5
C_8	网络知识对回族老字号品牌进化有较大影响	1	2	3	4	5

● 以下是关于贵公司品牌进化能力的表述，请在您同意的数字选项中打“√”。

序号	题　　项	完全不符合	不符合	不肯定	符合	十分符合
X_1	公司善于利用同行经验来提升品牌管理能力	1	2	3	4	5
X_2	公司通过员工与同行交流能够敏锐发现新的市场机会	1	2	3	4	5
X_3	公司经常派员工外出考察或参加培训以学习先进品牌管理经验	1	2	3	4	5
X_4	公司善于与外部专家、合作伙伴交流分享经验提升战略管理能力	1	2	3	4	5
X_5	公司善于利用网络知识提高品牌战略管理能力	1	2	3	4	5
X_6	公司善于与顾客交流分享品牌知识和经验提升战略管理能力	1	2	3	4	5
X_7	公司部门内部或者部门之间经常召开会议交流品牌知识	1	2	3	4	5
X_8	公司经常鼓励员工相互交流学习不同的思想与观念	1	2	3	4	5
X_9	公司鼓励经验丰富的老员工对新员工进行培训和指导	1	2	3	4	5
X_{10}	公司将已吸收的品牌知识与已有知识融合的速度很快	1	2	3	4	5
X_{11}	公司善于保存各种顾客购物体验、感受等资料	1	2	3	4	5
X_{12}	公司善于对外部专家资料、网络信息进行归类和整理	1	2	3	4	5
X_{13}	公司善于建立顾客数据库以促进品牌营销	1	2	3	4	5
X_{14}	公司善于从销售、生产或研发等核心部门收集品牌信息	1	2	3	4	5
X_{15}	公司善于将顾客的品牌知识和意见反映在新产品开发上	1	2	3	4	5
X_{16}	公司善于将顾客的品牌知识和意见反映在新服务开发上	1	2	3	4	5
X_{17}	公司善于将顾客的品牌知识和意见反映在品牌推广上	1	2	3	4	5
X_{18}	公司善于将顾客的品牌知识和意见反映在品牌形象改进上	1	2	3	4	5

● 以下是关于贵公司品牌进化管理与品牌绩效的表述，请在您同意的数字选项中打“√”。

序号	题 项	完全不符合	不符合	不肯定	符合	十分符合
Y_1	通过品牌进化管理公司品牌市场份额比较大	1	2	3	4	5
Y_2	通过品牌进化管理公司品牌销售收入增长比较快	1	2	3	4	5
Y_3	通过品牌进化管理公司品牌盈利能力比较强	1	2	3	4	5
Y_4	通过品牌进化管理公司品牌知名度比较高	1	2	3	4	5
Y_5	通过品牌进化管理公司的品牌美誉度比较高	1	2	3	4	5
Y_6	通过品牌进化管理公司的顾客口碑比较高	1	2	3	4	5

请填写您的基本资料，在相关选项中打“√”。

您的性别：A. 男　　B. 女

您的民族：A. 回族　　B. 汉族　　C. 其他少数民族

您的年龄：A. 30 岁以下　　B. 31~40 岁

C. 41~50 岁　　D. 51 岁以上

您的学历：A. 初中及以下　　B. 高中或专科

C. 大学　　D. 大学以上

您的职位：A. 普通员工　　B. 基层管理人员

C. 中层管理人员　　D. 高层管理人员

您所在企业成立的年限：A. 5 年以下　　B. 5~10 年

C. 10~20 年　　D. 20 年以上

您在公司工作的年限：A. 5 年以下　　B. 5~10 年　　C. 10 年以上

贵公司规模：　　A. 100 人以下　　B. 101~300 人　　C. 300 人以上

感谢您参与！谢谢您合作

参考文献

[1] [美] 爱德华·奥斯本等. 普罗米修斯之火：对人类精神起源的沉思 [M]. 李昆峰译. 北京：生活·读书·新知三联书店，1990.

[2] 白嘉，张会新. 基于循环经济的陕西生物产业链耦合机制研究 [J]. 生态经济，2013 (12)：97-102.

[3] 保罗·格里斯利. 管理学方法论批判 [M]. 北京：北京邮电大学出版社，2006.

[4] 陈浩义，王敏，王文彦.基于知识流视角的企业技术创新过程中知识进化机理研究 [J]. 情报科学，2012 (10)：1566-1571.

[5] 陈劲，阳银娟. 外部知识获取与企业创新绩效关系研究综述 [J]. 科技进步与对策，2014 (1)：156-160.

[6] 陈向明. 质的研究方法与社会科学研究 [M]. 北京：教育科学出版社，2000.

[7] 程聪，谢洪明，杨英楠，陈盈.外部知识流入促进产品创新绩效：企业创意的观点 [J]. 管理工程学报，2013 (4)：104-109.

[8] 程帧. 品牌进化的动因及策略 [J]. 管理现代化，2004 (6)：39-40.

[9] 崔楠，王长征. 象征性品牌形象的维度与测量[J]. 商业经济与管理，2010 (10)：52-60.

[10] 戴维·阿克. 创造强势品牌 [M]. 李兆丰译. 北京：机械工业出版社，2012.

[11] 杨保军. 基于"品牌基因"视角的回族老字号品牌构成研究 [J].兰

州商学院学报，2013（6）：1–6.

［12］丁瑛，张红霞. 品牌文化测量工具的开发及其信效度检验［J］. 南开管理评论，2010（5）：115–122.

［13］范秀成，陈洁. 品牌形象综合测评模型及其应用［J］. 南开学报，2002（3）：65–71.

［14］范秀成. 品牌权益及测评体系分析 ［J］. 南开管理评论，2000（1）：9–16.

［15］菲利普·科特勒，凯文·莱恩·凯勒. 营销管理（第 13 版）［M］. 卢泰宏，高辉译. 北京：中国人民大学出版社，2009.

［16］菲利普·科特勒. 营销管理分析、计划和控制（第 5 版）［M］. 梅汝和等译校. 上海：上海人民出版社，1996.

［17］冯旭，鲁若愚，彭蕾. 顾客创新性和顾客产品知识对顾客个人创新行为的影响［J］. 研究与发展管理，2012（2）：104–114 .

［18］甘肃省地方史志编纂委员会. 甘肃省志·商业志 ［M］. 兰州：甘肃人民出版社，1993.

［19］高松，庄晖.品牌生态环境与品牌发展——达尔文生物进化思想对品牌发展演进的启示［J］. 生态经济，2007（10）：76–78.

［20］高占福.历史的透视：回族商业经济与回族社会地位的关系［J］. 黑龙江商业丛刊，2001（1）：65–68.

［21］耿小庆. 组织知识创新与企业能力成长：一个实证分析［J］. 软科学，2011（8）：17–21.

［22］顾燕新. 观前街老字号的历史和现状［J］. 经济与社会发展，2002（3）：120–123.

［23］韩震，陈双喜，赵昌平. 基于知识的品牌集聚系统初探 ［J］. 科技管理研究，2010（5）：132–134.

［24］何云峰.论知识进化的要素和特征［J］. 中共浙江省委党校学报，2001（5）：52–57.

［25］黄嘉涛，胡劲. 基于品牌生命周期的品牌战略［J］. 商业时代，2004

（27）：41–43.

［26］黄凯南. 现代演化经济学基础理论研究［M］. 杭州：浙江大学出版社，2010.

［27］姜歆. 回族民间商业的招幌［J］. 中国民族，2007（3）：51–56.

［28］蒋廉雄，吴水龙. 整体视角下的复合—层级品牌知识模型研究［J］. 管理学报，2014（5）：720–732.

［29］蒋小钰. 品牌环境生态学研究构架初探［J］. 企业经济，2008（6）：30–32.

［30］卡尔·波普尔. 客观知识——一个进化论的研究［M］. 舒炜光等译. 上海：上海译文出版社，1987.

［31］凯文·莱恩·凯勒. 战略品牌管理（第三版）［M］. 卢泰宏，吴水龙译. 北京：中国人民大学出版社，2009.

［32］孔祥录，喇来德. 青海回族来源初探［J］. 青海民族学院学报（社会科学版），1982（4）：60–64.

［33］李柏洲，周森. 企业外部知识获取方式与转包绩效关系的研究——以航空装备制造企业为例［J］. 科学学研究，2012（10）：1564–1572.

［34］李怀祖. 管理研究方法［M］. 西安：西安交通大学出版社，2004.

［35］李静，金永生. 关联网络记忆模型下的品牌知识结构分析［J］. 市场营销导刊，2009（4）：44–48.

［36］李启庚，余明阳，梁秋云. 品牌战略联盟中知识转移的影响因素、风险与治理［J］. 科技管理研究，2011（8）：135–138.

［37］李文博，林云，张永胜. 集群情景下企业知识网络演化的关键影响因素——基于扎根理论的一项探索性研究［J］. 研究与发展管理，2011（12）：17–24.

［38］李永锋. 企业品牌合作与经济效应［J］. 企业经济，2008（3）：44–46.

［39］李子叶，冯根福. 组织内部知识转移机制、组织结构与创新绩效的关系［J］. 经济管理，2013（1）：130–141.

［40］理查德·R. 纳尔逊，悉尼·G. 温特. 经济变迁的演化理论［M］. 北

京：商务印书馆，1997.

[41] 连漪，樊志文. 基于生态位视角的区域旅游品牌竞争力提升——以桂林国际旅游胜地为例 [J]. 企业经济，2015 (1)：23-27.

[42] 廖成林，柳茂森. 关于消费者品牌知识对重复购买行为的影响[J]. 商业时代，2011 (19)：26-27.

[43] 林英军. 知识管理视角下的“老字号”发展之路 [J]. 中国发明与专利，2010 (8)：45-46.

[44] 刘立波，沈玉志. 企业知识管理过程对管理创新绩效的影响 [J]. 商业研究，2015 (4)：147-153.

[45] 刘敏，田增瑞，徐凯. 企业 R&D 能力在知识获取和产品创新间的中介作用 [J]. 研究与发展管理，2010，22 (6)：90-96.

[46] 刘婷，徐凯峰. 品牌生态环境探析 [J]. 江苏商论，2006 (10)：91-92.

[47] 刘雯. 基于贝尔模型的高卷入耐用品品牌形象构成维度分析 [J]. 国际商务研究，2009 (4)：61-69.

[48] 刘勇，杨在亮，李黔宁. 基因转移技术现状及发展 [J]. 西部医学，2008 (6)：1288-1290.

[49] 刘植惠. 知识基因探索 (十二) [J]. 情报理论与实践，1999 (6)：459-462.

[50] 卢泰宏，黄胜兵，罗纪宁.论品牌资产的定义 [J]. 中山大学学报，2000 (4)：17-22.

[51] 卢泰宏，吴水龙，朱辉煌，何云. 品牌理论里程碑探析 [J]. 外国经济与管理，2009 (1)：32-42.

[52] 吕旭龙. “葛梯尔问题” 的实质与马克思主义知识观的回应 [J]. 哲学动态，2011 (3)：34-41.

[53] 罗伯特· K. 殷. 案例研究：设计与方法 [M]. 周海涛等译. 重庆：重庆大学出版社，2012 (7).

[54] [美] 罗格·D.布莱克韦尔 (Roger D.Blackwell)，保罗·W.米尼德

(Paul W.Miniard)，詹姆斯·F.恩格尔（James F. Engel）. 消费者行为学（原书第 9 版）[M]. 徐海，朱红祥，于涛译. 北京：机械工业出版社，2003.

[55] 马鹤丹. 基于区域创新网络的企业知识创新系统研究 [D]. 东北财经大学博士学位论文，2011.

[56] 马小森，韩福荣. 品牌的生态位适宜度分析 [J]. 世界标准化与质量管理，2006（12）：23-26.

[57] 马宗保. 回族商业经济与历史上的西部开发——以民国时期西北回族商业活动为例 [J]. 宁夏大学学报（人文社会科学版），2005（5）：28-31.

[58] 马宗保. 近现代回族商业经济的繁荣及其原因——兼与晋商、徽商的比较 [J]. 宁夏社会科学，2009（2）：84-89.

[59] 孟庆伟，刘铁忠.从共享到原创：自主性技术创新中的知识演化 [J]. 科学学研究，2004（2）：104-107.

[60] 牟超兰. 顾客知识管理对技术创新绩效影响的研究——一个理论分析框架 [J]. 科研管理研究，2014（13）：97-103.

[61] 潘成云.品牌生命周期论 [J]. 商业经济与管理，2000（9）：19-21.

[62] 钱锡红，杨永福，徐万里.企业网络位置、吸收能力与创新绩效——一个交互效应模型 [J]. 管理世界，2010（5）：118-129.

[63] 秦永章.元明清时期甘宁青地区多民族格局的形成及其演变 [D]. 中国社会科学院研究生院博士学位论文，2003.

[64] 秦志华，王冬冬，赵婧.外部知识获取影响企业创新绩效的作用机理 [J]. 技术经济，2014（12）：1-6.

[65] 邱均平. 知识管理学 [M]. 北京：科学技术文献出版社，2006.

[66] 赛义德·菲亚慈·马茂德. 伊斯兰简史 [M]. 北京：中国社会科学出版社，1981.

[67] 宋志红，陈澍，范立波. 知识特性、知识共享与企业创新能力关系的实证研究 [J]. 科学学研究，2010（4）：597-604.

[68] 田硕，李春好，宿慧爽. 基于嵌入性视角的知识管理分析框架研究 [J]. 情报理论与实践，2012（10）：10-14.

[69] 汪涛，何昊，诸凡. 新产品开发中的消费者创意——产品创新任务和消费者知识对消费者产品创意的影响 [J]. 管理世界，2010 (2)：80-92.

[70] 王朝辉，陈洁光，黄霆，程瑜.企业创建自主品牌关键影响因素动态演化的实地研究——基于广州 12 家企业个案现场访谈数据的质性分析 [J]. 管理世界，2013 (6)：111-127.

[71] 王成荣，李诚，王玉军. 老字号品牌价值 [M]. 北京：中国经济出版社，2012 (3).

[22] 王海花，谢富纪. 企业外部知识网络能力的结构测量——基于结构洞理论的研究 [J]. 中国工业经济，2012 (7)：137-146.

[73] 王海花，周嵩安. 企业外部知识网络能力的影响因素：一个交互效应的实证研究 [J]. 华东经济管理，2015 (2)：164-172.

[74] 王海忠. 中国品牌演进阶段的划分及其公共政策启示 [J]. 中山大学学报（社会科学版），2015 (4)：169-183.

[75] 王海忠. 中国消费者品牌知识结构图及其营销管理内涵 [J]. 财经问题研究，2006 (12)：59-66.

[76] 王建刚，吴洁，张青，尹洁. 基于竞争优势的知识流、知识创新与动态能力关系研究 [J]. 情报杂志，2012 (2)：114-118.

[77] 王俊峰，程天云.技术创新对品牌价值影响的实证研究 [J]. 软科学，2012 (9)：10-14.

[78] 王仕卿，韩福荣. 品牌生态位界定及其演化模式研究 [J]. 科技进步与对策，2008 (1)：169-172.

[79] 王兴元. 名牌生态系统的竞争与合作研究 [J]. 南开管理评论，2000 (6)：14-16.

[80] 王兴元. 品牌生态位测度及其评价方法研究 [J]. 预测，2006 (5)：60-64.

[81] 王兴元. 品牌生态位原理及其对企业品牌战略的启示 [J]. 企业经济，2008 (3)：40-43.

[82] 王兴元. 品牌生态学科发展趋势及其应用 [J]. 企业经济，2014

(7)：5-8.

[83] 吴泗宗，贾文玉. 企业内部知识市场及其要素研究 [J]. 商业研究，2006 (11)：45-48.

[84] 吴晓波，彭新敏，丁树全. 我国企业外部知识源搜索策略的影响因素 [J]. 科学学研究，2008 (2)：364-372.

[85] 谢荷锋，娄芳芳，彭华训. 领导风格、沟通能力与管理知识资源跨企业转移 [J]. 商业研究，2015 (1)：132-143.

[86] 徐巧玲. 知识管理能力对企业技术创新绩效的影响 [J]. 科技进步与对策，2013 (1)：84-87.

[87] 许学国，龚涛，张慧涛. 吸收能力对企业创新绩效影响的深入分析——基于上海地区的实证研究 [J]. 科技管理研究，2013 (21)：76-82.

[88] 杨保军，黄志斌. 吸收能力视角的顾客品牌知识管理模型构建——基于回族老字号的多案例分析 [J]. 中国流通经济，2014 (8)：86-92.

[89] 杨保军，黄志斌. 回族老字号品牌进化模型探索性研究——基于扎根理论的视角 [J]. 北方民族大学学报（哲学社会科学版），2015 (2)：117-122.

[90] 杨保军，黄志斌. 基于知识进化视角的技术创新与品牌进化耦合机制研究 [J]. 自然辩证法研究，2014 (12)：30-36.

[91] 杨保军，景娥，王金云. 品牌进化生态因子研究 [J]. 商业时代，2010 (18)：31-32.

[92] 杨保军，王金云，景娥. 西北民族地区企业品牌生态位界定与发展战略分析 [J]. 生态经济，2010 (2)：120-123.

[93] 杨保军. 品牌进化的动力机制与模型分析 [J]. 河南科技大学学报（社会科学版），2010 (4)：74-77.

[94] 杨金勇，黄克正，尚勇，李长江. 产品基因研究综述 [J]. 机械设计，2007 (4)：1-4.

[95] 杨景福. 青海商业志 [M]. 西宁：青海人民出版社，1989.

[96] 杨柳. 中国餐饮产业发展报告 (2011) [M]. 北京：社会科学文献出

版社，2011.

[97] 杨柳. 中国餐饮产业发展报告（2012）[M]. 北京：社会科学文献出版社，2012.

[98] 杨树德. 宁夏商业志 [M]. 银川：宁夏人民出版社，1991.

[99] 杨学军，杨帆. 外部知识获取模式对企业技术能力的影响路径研究 [J]. 科技与经济，2013（6）：76-80.

[100] 于尔东，王典典，刘志峰. 品牌生态位概念、特征和类型研究 [J]. 企业经济，2014（7）：9-12.

[101] 于伟，王兴元. 消费者品牌知识研究述评 [J]. 科技进步与对策，2008（3）：196-200.

[102] 约翰·齐曼. 技术创新进化论 [M]. 上海：上海科技教育出版社，2002.

[103] 湛正群. 外部网络、吸收能力与企业绩效研究 [M]. 北京：经济科学出版社，2011.

[104] 张红琪，鲁若愚，蒋洋. 服务创新过程中顾客知识管理测量工具研究：量表的开发及检验——以移动通信服务业为例 [J]. 管理评论，2013（2）：108-114.

[105] 张红霞，马桦，李佳嘉. 有关品牌文化内涵及影响因素的探索性研究 [J]. 南开管理评论，2009（6）：11-18.

[106] 张婧，邓卉. 品牌价值共创的关键维度及其对顾客认知与品牌绩效的影响：产业服务情境的实证研究 [J]. 南开管理评论，2013（2）：104-115.

[107] 张明立，唐塞丽，王伟. 服务主导逻辑下品牌关系互动对品牌忠诚的影响 [J]. 管理学报，2004，11（8）：1230-1238.

[108] 张军，许庆瑞，张素平. 动态环境中企业知识管理与创新能力关系研究 [J]. 科研管理，2014（4）：59-67.

[109] 张文泉. 辨物居方、明分使群——汽车造型品牌基因表征、遗传和变异 [D]. 湖南大学博士学位论文，2012.

[110] 张晓东，何攀，朱敏. 知识管理模型研究述评 [J]. 科技进步与对

策，2011（7）：156–160.

［111］张雪平.知识管理视角下企业动态能力的提升［J］. 企业经济，2012（10）：30–33.

［112］张燚，刘进平，张锐，侯立松. 企业文化、价值承诺与品牌成长的路径和机制研究［J］. 管理学报，2013（4）：502–509.

［113］张燚，张锐. 品牌生态学——品牌理论演化的新趋势［J］. 外国经济与管理，2003（8）：42–48.

［114］赵爱英. 企业技术创新与品牌创建：内在联系与对策［J］. 商业研究，2008（2）：77–81.

［115］赵洁，张宸璐. 外部知识获取、内部知识分享与突变创新——双元性创新战略的调节作用［J］. 科技进步与对策，2014（3）：127–131.

［116］周飞，沙振权. 吸收能力与新产品开发绩效关系研究［J］. 财经论丛，2012（9）：91–96.

［117］周骏宇. 品牌的进化［J］. 企业管理，2006（11）：24–26.

［118］周文光. 吸收能力与流程创新绩效之间关系的实证研究——基于知识产权风险的调节作用［J］. 南开管理评论，2013（5）：51–60.

［119］周志民. 品牌关系研究述评［J］. 外国经济与管理，2007（4）：46–54.

［120］周竺，孙爱英. 知识管理研究综述［J］. 中南财经大学学报，2005（6）：27–33.

［121］朱秀梅，姜洋，杜政委，卢青伟. 知识管理过程对新产品开发绩效的影响研究［J］. 管理工程学报，2011（4）：113–122.

［122］朱祖平.知识进化与知识创新机理研究［J］. 研究与发展管理，2000（6）：16–19.

［123］Aaker D. Innovation：Brand it or lose it ［J］. California Management Review，2007，50（1）：8–19.

［124］Aaker，D. A. Managing brand equity：Capitalizing on the value of a brand name ［M］. New York：The Free Press，1991.

[125] Aaker, J. L. Dimensions of brand personality [J]. Journal of Marketing Research, 1997, 36 (8): 347-356.

[126] Alavi M., Leidner D. E. 知识管理和知识管理系统： 概念基础与研究课题 [J]. 管理世界, 2012 (5): 157-169.

[127] Bapuji H., Loree D., Crossan M. Relying on external knowledge for competitive advantage: Why it might not work [J]. Ivey Business Journal Online, 2011 (1): 25-27.

[128] Baron R. M., Kenny D. A. The moderator -mediator variable distinction in social psychological research: Conceptual, strategic, and statistical considerations [J]. Journal of Personality and Social Psychology, 1986, 51(6): 1173-1182.

[129] Basics of qualitative research: Techniques and procedures for developing grounded theory [M]. Sage, 2008.

[130] Baum J. A. C., Ingram P. Survival -enhancing learning in the Manha-ttan hotel industry, 1898-1980 [J]. Management Science, 1998, 44 (7): 996-1016.

[131] Beckman T. Implementing the knowledge organization in government [C]//Paper and Presentation, 10th National Conference on Federal Quality, 1997.

[132] Benbasat I., Goldstein D. K., Mead M. The case research strategy in studies of information systems [J]. MIS Quarterly, 1987, 11 (3): 369-386.

[133] Biel A. L. How brand image drives brand equity [J]. Journal of Advertising Research, 1992, 32 (6): 6-12.

[134] Blackston M. Observations: Building brand equity by managing the brand's relationships [J]. Journal of Advertising Research, 1992, 32 (3): 79-83.

[135] Bontis N. Therecs a price on your head: Managing intellectual capital strategically [J]. Business Quarterly, Summer, 1996, 4 (2): 41-47.

[136] Brand A. Knowledge management and innovation at 3M [J]. Journal

of Knowledge Management, 1998, 2 (1): 17–22.

[137] Campbell D. T. Blind variation and selective retentions in creative thought as in other knowledge processes [J]. Psychological Review, 1960, 67 (6): 380–400.

[138] Campbell. Blind variation and selective retention in creative thought as in other knowledge processes [J]. Psychological Review, 1960, 67 (6): 380–400.

[139] Chaudhuri A., Holbrook M. B. The chain of effects from brand trust and brand affect to brand performance: The role of brand loyalty [J]. Journal of Marketing, 2001, 65 (2): 81–93.

[140] Cohen W. M., Levinthal D. A. Absorptive capacity: A new perspective on learning and innovation [J]. Administrative Science Quarterly, 1990, 35(1): 7–14.

[141] Cohen W. M., Levinthal D. A. Absorptive capacity: A new perspective on learning and innovation [J]. Administrative Science Quarterly, 1990, 35(1): 128–152.

[142] Daghfous A. Absorptive capacity and the implementation of knowledge–intensive best practices [J]. SAM Advanced Management Journal, 2004 (69): 21–27.

[143] Deeds D. L., Decarolis D. M. The impact of stocks and flows of organizational knowledge on firm performance: An empirical investigation of the biotechnology industry [J]. Strategic Management Journal, 1999, 20 (10): 953–968.

[144] Dobni D., Zinkhan G. M. In search of brand image: A foundation Analysis [J]. Advances in Consumer Research, 1990, 17 (1): 110–119.

[145] Drucker P. F. The coming of the new organization [J]. Harvard Business Review, 1988 (1): 3–11.

[146] Dyer J. H., Singh H. The relational view: Cooperative strategy and

sources of interorganizational competitive advantage [J]. Academy of Management Review, 1998, 23 (4): 660-679.

[147] F. A. Hayek. The use of knowledge in society [J]. The American Economic Review, 1945, 35 (4): 519-530.

[148] Fournier S. Customer and their brand: Developing relationship theory in customers research [J]. Journal of Consumer Research, 1998 (24): 46-54.

[149] Gapp R., Merrilees B. Important factors to consider when using internal branding as a management strategy: A healthcare care study [J]. Journal of Brand Management, 2006, 14 (1/2): 162-176.

[150] Gardner B. B., Levy S. J. The product and the brand [J]. Harvard Business Review, 1955, 33 (2): 33-39.

[151] Grant R. M. Prospering in dynamically-competitive environments: Organizational capability as knowledge integration [J]. Organization Science, 1996, 7 (4): 375-387.

[152] Grant R. M. Toward a knowledge-based theory of the firm [J]. Strategic Management Journal, 1996 (17): 109-122.

[153] Hai Zhuge. A knowledge flow model for peer-to-peer team knowledge sharing and management [J]. Expert Systems with Applications, 2002 (23): 23-30

[154] Hurley R. F., Hult G. T. Innovation, market orientation and organizational learning: An integration and empirical examination [J]. Journal of Marketing, 1998, 7 (62): 42-54.

[155] Ian R., F. David, M. Ruth. Brand knowledge management: Growing brand equity [J]. Journal of Knowledge Management, 1998, 2(1): 47-54.

[156] Isaac Mwita J. Performance management model: A systems-based approach to public service quality [J]. International Journal of Public Sector Management, 2000, 13 (1): 19-37.

[157] J. C. Spender, R. M. Grant.Knowledge and the firm: Overview [J]. Strategic Management Journal, 1996 (17): 5-9.

[158] Keller K. L. Conceptualizing, measuring and managing customer-based brand equity [J]. Journal of Marketing, 1993 (1): 1-28.

[159] Keller K. L. Conceptualizing, measuring, and managing customer-based brand equity [J]. The Journal of Marketing, 1993 (1): 1-22.

[160] Keller Kevin Lane. Brand synthesis: The multidimensionality of brand knowledge [J]. Journal of Consumer Research, 2003, 29 (4): 595-600.

[161] Kim L. The Dynamics of samsung's technological learning in emiconductors [J]. California Management Review, 1997, 39 (3): 21-31.

[162] Kim L. The Dynamics of samsung's technological learning in emiconductors [J]. California Management Review, 1997, 39 (3): 86-100.

[163] Kotler P. Competitive strategies for new product marketing over the life cycle [J]. Management Science, 1965, 12 (4): B-104-B-119.

[164] Laursen K., Salter A. Open for innovation: The role of openness in explaining innovation performance among U.K. manufacturing firms [J]. Strategic Management Journa, 2006, 27 (2): 131-150.

[165] Little S., Ray T. Managing Knowledge: An essential reader [M]. Sage, 2006.

[166] Lumpkin G. T., Dess G. G. Linking two dimensions of entrepren-eurial orientation to firm performance: The moderating role of environment and industry life cycle [J]. Journal of Business Venturing, 2001, 16 (5): 429-451.

[167] Malhotra Y. Knowledge management in inquiring organizations [J]. Information Outlook, 2008 (2): 56-66.

[168] Max H. Boisot. Is your firm a creative destroyer competitive learning and knowledge flows in the technological strategies of firm [J]. Research Policy, 1995 (24): 489-506.

[169] McAlexander J. H., Schouten J. W., Koenig H. F. Building brand community [J]. Journal of Marketing, 2002, 66 (1): 38–54.

[170] Merrilees B. Radical brand evolution: A case-based framework[J]. Journal of Advertising Research, 2005, 45 (2): 201–210.

[171] Michael T. Ewing, Colin P. Jevons , Elias L. Khalil. Brand death: A developmental model of senescence [J]. Journal of Business Research, 2009 (4): 439–452.

[172] Miller D. J. Firms' technological resources and the performance effects of diversification: a longitudinal study [J]. Strategic Management Journal, 2004, 25 (11): 1097–1119.

[173] Moore C. M., Doyle S. A. The evolution of a luxury brand: The case of Prada [J]. International Journal of Retail & Distribution Management, 2010, 38 (11/12): 915–927.

[174] Nazli Alimen A. Guldem cerit, dimensions of brand knowledge Turkish university students' consumption of international fashion brands [J]. Journal of Enterprise Information Management, 2010, 23 (4): 538–558.

[175] Nevis E. C., Ghoreishi S., Gould J. M. Understanding organizations as learning systems [J]. Sloan Management Review, 1995, 36 (2): 73–86.

[176] Nieto M., Quevedo P. Absorptive capacity, technological opportunity, knowledge spillovers, and innovative effort [J]. Technovation, 2005, 25 (10): 1141–1157.

[177] Nonaka I., Takeuchi H. The knowledge-creating company: How Japanese companies create the dynamics of innovation [M]. Oxford University Press, 1996.

[178] Otley D. Performance management: A framework for management control systems research [J]. Management Accounting Research, 1999, 10 (4): 363–382.

[179] Otubanjo, PhD, Olutayo and Lim, L. L. K. and Melewar, T. C.

and Cornelius, Nelarine, A Corporate Brand in the Technology Road-Map: Sony [EB/OL]. (November 11, 2008). Available at SSRN: http: //ssrn.com/abstract=1299732.

[180] Park C. W., Jaworskib J., Macinnis D. J. Strategic brand concept-image management [J]. Journal of Marketing, 1986, 50 (10): 134-146.

[181] Petrash G. Dow's journey to a knowledge value management culture [J]. European Management Journal, 1996, 14 (4): 365-373.

[182] Prahalad C. K., Hamel G. The core competence of the corporation [J]. harvard Business Review, 1990 (516): 79-91.

[183] Richards I., Foster D., Morgan R. Brand knowledge management: Growing brand equity [J]. Journal of Knowledge Management, 1998, 2(1): 47-54.

[184] RIES, A. Y. J. Trout. Positioning: A game people play in today's me-too marketplace [J]. Industrial Marketing, 1969 (56): 51-56.

[185] Rindell A., Strandvik T. Corporate brand evolution: Corporate brand images evolving in consumers' everyday life [J]. European Business Review, 2010, 22 (3): 276-286.

[186] Schein E. H. Organizational culture and leadership [M]. John Wiley & Sons, 2010.

[187] Schreier M., Prügl R. Extending lead user theory: Antecedents and consequences of consumers' lead userness [J]. Journal of Product Innovation Management, 2008, 25 (4): 331-346.

[188] Simon H. Dynamics of price elasticity and brand life cycles: An empirical study [J]. Journal of Marketing Research, 1979 (1): 7-14.

[189] Solow R. M. A contribution to the theory of economic growth [J]. The Quarterly Journal of Economics, 1994 (11): 65-94.

[190] Soo C. W., Midgley D., Devinney T. M. The process of knowledge creation in organizations [J]. Available at SSRN 376080, 2002.

[191] Sveiby K. E., Risling A. The know-how company [J]. Liber, Malmo, 1986 (1): 7-14.

[192] Szulanski G. Exploring internal stickiness: Impediments to the transfer of best practice within the firm [J]. Strategic Management Journal, 1996, 17 (12): 27-43.

[193] Teece D. Technology transfer by multinational firms: The resource cost of international technology transfer [J]. Economic Journal, 1977, 87 (346): 242-261.

[194] Tevi A.C., Otubanjo O. Understanding corporate rebranding: An evolution theory perspective [J]. International Journal of Marketing Studies, 2013, 5 (3): 87-93.

[195] Thomson M., MacInnis D. J., Whan Park C. The ties that bind: Measuring the strength of consumers' emotional attachments to brands [J]. Journal of Consumer Psychology, 2005, 15 (1) 77-91.

[196] Volberda H. W., Foss N. J., Lyles M. A. Perspective-absorbing the concept of absorptive capacity: How to realize its potential in the organization field [J]. Organization Science, 2010, 21 (4): 931-951.

[197] Wiig K. M. Knowledge management: Where did it come from and where will it go? [J]. Expert Systems ith Applications, 1997, 13 (1): 1-14.

[198] Winkler A. Warp-Speed Branding: The impact of technology on marketing [M]. New York: John Wiley, 1999.

[199] Zahra S. A., George G. Absorptive capacity: A review, reconc-eptualization, and extension [J]. Academy of Management Review, 2002, 27 (2): 185-203.

[200] Zhuge H. A. Knowledge flow model for peer-to-peer team knowledge sharing and management [J]. Expert Systems with Applications, 2002, 23 (1): 23-30.

后记

2015 年 10 月，当我把这本博士论文提交出去后，不禁长出了一口气。三年多的时间，面对着各种不同的文献，面对着各种数据，既有写作的顺利，更有写不下去的痛苦。诗人北岛在《迷途》中写道："沿着鸽子的哨音，我寻找着你，高高的森林挡住了天空。小路上，一颗迷途的蒲公英，把我引向蓝灰色的湖泊，在微微摇晃的倒影中，我找到了你，那深不可测的眼睛。"追求知识的过程就像人在迷途，只有耐心细致才能慢慢探索出细微的路径。三年来，我踯躅前行，小心地捡拾着路上闪亮的知识贝壳，以填补我对学术的渴望。痛苦的煎熬总会有收获的一天，今天看着这本即将付梓的书稿时，我感受到收获的喜悦。

回想起 2012 年 9 月，合肥的天气晴朗而湿润，久居西北的我来到了一个与北方迥异的地方开始了博士生活。当我在热情的同学指点下来到学院时，全身已汗流浃背，不仅是因为天热，更有初见导师的紧张。然而出乎意料的是，作为工大资深博士生导师的黄志斌教授并没有高高在上，反而态度热情，耐心地解答了一个初学者的种种疑问，使我庆幸遇到一位能够指点迷津的先生。三年多的时光如白驹过隙匆匆而逝，面对博士毕业的严格条件，我如临深渊，在老师的指导和关心下忙碌地学习着，完成了许多老师指定的任务，也开始了艰苦的毕业论文的写作。导师是一位学识渊博的人，看着他发表在权威期刊上的论文，提出的独到见解不由得心生敬意。导师是一位谦虚的人，做事一丝不苟，严谨认真，每次与他探讨问题都耐心倾听，并用商量的口吻指出我存在的问题，每次都能使我茅塞顿开，提高了我的研究水平。导师是一位勤奋的人，年近半百已功成名就依然每天坚持学习，除了开会每天都来得比我们早，直至夜深依然笔耕不辍，师门同学每每谈起都觉汗颜。感谢老师，您深厚的学术功底，开阔的研究思维给我指点迷津，帮助我提高了研究质量，是我永远学习的榜样。在工大学习中我也得到了许多老师的教诲，杨善林院士在百忙中抽出时间听我的开题和论文写作汇报，总能从一个全新的角度提出论文存在的问题，使我受益匪浅。管理学院刘业政老师、吴慈生老师、李姚矿老师、徐启发老师都在我写作论文的过程中给予了悉心指导，感谢你们，没有你们的帮助我无法完成本篇论文。

我要感谢师门的同学，感谢已经毕业的魏荣师姐、刘晓峰师兄、邱国侠师姐，在论文讨论中提出了很好的意见；感谢郑爱文、汪棋、张涛，与你们交流，我感受到学术的快乐和师门的情谊。感谢众多学界前辈，丰富的学术贡献，使我能够阅读、参考并形成此文，注释在文末一一列明并表敬意。感谢国家自然科学基金委对“甘宁青回族老字号品牌进化路径与政策研究”(71162020) 课题的研究资助与出版。

最后我要感谢北方民族大学校领导，没有学校的大力支持，我不可能抽出大块的时间准备我的博士论文。我的父母如今已年近七十，对我攻读博士给予了极大的支持，我的太太黄晓华女士在我攻读博士期间承担起全部家务和培养儿子的重担，为她辛勤的付出我时刻感到愧疚。三年前，我的儿子哲政还是一个不懂事的初中生，如今已经长成一个阳光帅气的高中生了，他的成长令我很是欣慰。感谢你们带给我灿烂的人生，使我能够在我喜爱的学术研究中获得快乐。

杨保军

2016 年 8 月 20 日于寓所